Jo Reichertz · Carina Jasmin Englert

Einführung in die qualitative Videoanalyse

Qualitative Sozialforschung

Herausgegeben von
Ralf Bohnsack
Uwe Flick
Christian Lüders
Jo Reichertz

Die Reihe Qualitative Sozialforschung
Praktiken – Methodologien – Anwendungsfelder

In den letzten Jahren hat vor allem bei jüngeren Sozialforscherinnen und Sozialforschern das Interesse an der Arbeit mit qualitativen Methoden einen erstaunlichen Zuwachs erfahren. Zugleich sind die Methoden und Verfahrensweisen erheblich ausdifferenziert worden, so dass allgemein gehaltene Orientierungstexte kaum mehr in der Lage sind, über die unterschiedlichen Bereiche qualitativer Sozialforschung gleichermaßen fundiert zu informieren. Notwendig sind deshalb Einführungen von kompetenten, d. h. forschungspraktisch erfahrenen und zugleich methodologisch reflektierten Autorinnen und Autoren.

Mit der neuen Reihe soll Sozialforscherinnen und Sozialforschern die Möglichkeit eröffnet werden, sich auf der Grundlage handlicher und überschaubarer Texte gezielt das für ihre eigene Forschungspraxis relevante Erfahrungs- und Hintergrundwissen über Verfahren, Probleme und Anwendungsfelder qualitativer Sozialforschung anzueignen.

Zwar werden auch grundlagentheoretische, methodologische und historische Hintergründe diskutiert und z. T. in eigenständigen Texten behandelt, im Vordergrund steht jedoch die Forschungspraxis mit ihren konkreten Arbeitsschritten im Bereich der Datenerhebung, der Auswertung, Interpretation und der Darstellung der Ergebnisse.

Jo Reichertz
Carina Jasmin Englert

Einführung in die qualitative Videoanalyse

Eine hermeneutisch-wissens-
soziologische Fallanalyse

VS VERLAG

Bibliografische Information der Deutschen Nationalbibliothek
Die Deutsche Nationalbibliothek verzeichnet diese Publikation in der
Deutschen Nationalbibliografie; detaillierte bibliografische Daten sind im Internet über
<http://dnb.d-nb.de> abrufbar.

1. Auflage 2011

Alle Rechte vorbehalten
© VS Verlag für Sozialwissenschaften | Springer Fachmedien Wiesbaden GmbH 2011

Lektorat: Frank Engelhardt

Der VS Verlag für Sozialwissenschaften ist eine Marke von Springer Fachmedien.
Springer Fachmedien ist Teil der Fachverlagsgruppe Springer Science+Business Media.
www.vs-verlag.de

Umschlaggestaltung: KünkelLopka Medienentwicklung, Heidelberg
Druck und buchbinderische Verarbeitung: TenBrink, Meppel
Gedruckt auf säurefreiem und chlorfrei gebleichtem Papier
Printed in the Netherlands

ISBN 978-3-531-17627-7

Inhalt

0 Die aktuelle Situation der deutschen qualitativen Bild-, Film- und Videoanalyse[1]

> Zwischen zwei Menschen werden die zwei Abgründe, jedenfalls im Prinzip, durch die Sprache überbrückt. (...) Die Sprache erlaubt es dem Menschen, auf den anderen zu rechnen wie auf sich selbst.
>
> John Berger 1981: 9

> Was immer auch ein Photo dem Auge zeigt und wie immer es gestaltet sein mag, es ist doch allemal unsichtbar: es ist nicht das Photo, das man sieht.
>
> Roland Barthes 1989: 14

Im Folgenden wollen wir versuchen Videomaterial, also Teile einer Fernsehsendung, die wir im Rahmen eines Forschungsprojektes digital aufgezeichnet haben, mit dem Verfahren der hermeneutischen Wissenssoziologie (vgl. Hitzler, Reichertz, Schröer 1999) zu interpretieren. Dies kann und will nur ein erster Versuch sein, der vor allem das konkrete Vorgehen bei der hermeneutischen Analyse laufender Bilder (vgl. Reichertz 2010a) beschreiben und plausibilisieren will.

Die Rekonstruktion der Bedeutung einer so komplexen Sinnstruktur, wie sie einer Film- oder Videosequenz zu eigen ist, stellt die qualitative Sozialforschung vor eine Reihe neuer Probleme. Denn ohne Zweifel kann sich die Auslegung einer Sequenz laufender Bilder nicht darin erschöpfen, mehr oder weniger erprobte und bewährte Verfahren der Text- und Bildinterpretation und deren Methodologie auf die neue Datensorte ‚Film' oder ‚Video' bruchlos anzuwenden (vgl. allgemein hierzu Raab 2008a). Zu unklar ist nämlich, mit welcher Art von Daten man es überhaupt zu tun hat, wie man sie fixiert, wer als Autor in Frage kommt und was mit ‚Sinn' oder ‚Bedeutung' solcher Artefakte überhaupt bezeichnet wird.

---

[1] Hermeneutische Interpretationen fallen nicht vom Himmel oder wachsen auf Bäumen, sondern sie werden in oft langwierigen sozialen Prozessen langsam erarbeitet. Meist arbeitet man nicht allein, sondern immer wieder sind Personen in diesen Prozess involviert, die später nicht den Text schreiben. Wir können nicht alle nennen, die an der nachfolgenden Interpretation mitgewirkt haben, sondern nur die wichtigsten. Da sind zum einen Stefanie Lenze und Christine Moritz, die bei der Erstellung und Interpretation der Notationen immer wieder auch wertvolle Hinweise auf Lesarten gaben. Zum Anderen sind das die anderen Angehörigen der DFG-Projektgruppe Oliver Bidlo, Stefanie Böhm, Phillip Roslon und Pascal Riemann, mit denen wir den Sendungsausschnitts *Ein Hund fährt schwarz* über Stunden hinweg interpretierten und denen wir viele gute Deutungen verdanken.

Diese Fragen stellten sich Anfang der 1970er Jahre auch bei der Interpretation von Texten, weshalb man aus ihrer Geschichte sehr viel lernen kann. Mittlerweile sind innerhalb der wichtigsten elaborierten Verfahren qualitativer Sozialforschung für die Interpretation von *Texten* und in einigen Fällen auch für die Deutung von *Bildern* und manchmal auch für *Filme* und *Videos* methodologisch fundierte (und mal mehr, mal weniger überzeugende) Antworten erarbeitet worden.

Elaborierte qualitative und sozialwissenschaftliche Methoden und Methodologien zur Bildinterpretation sind unseres Wissens bislang nur von der *Rekonstruktiven Sozialforschung* (vgl. Bohnsack 2001, 2003a, 2003b, 2005, 2009; Bohnsack et al. 2001; Michel 2006), der *objektiven Hermeneutik* (vgl. Oevermann 1979, 1983, 1996, 2000; Englisch 1991; Haupert 1992; Loer 1992, 1996; Ackerman 1994; Kemmerzell et al. 2003; Kemmerzell, Saalow 2003; Wienke 2001) und der *hermeneutischen Wissenssoziologie* (vgl. Soeffner 2004; Soeffner, Raab 2004; Knoblauch, Schnettler 2007; Knoblauch, Schnettler, Raab 2006; Kurt 2008; Reichertz 1992, 1994, 2000,2007, 2010; Ivanyi, Reichertz 2002; Schnettler, Knoblauch 2007, 2008) vorgelegt worden. Einen guten Überblick über die theoretische Rechtfertigung und die Arbeitsweisen dieser Ansätze liefern die Bände von Flick 2007, Knoblauch et al. 2006 und Mikos & Wegener 2005. Instruktiv ist auch der Band von Marotzki & Niesyto 2006, da hier dasselbe Fotomaterial von Vertretern unterschiedlicher Ansätze interpretiert wird.[2]

Zur Film-, Fernseh- und Videoanalyse im engeren Sinne, also zur Interpretation laufender Bilder, gibt es aus *sozialwissenschaftlicher* Sicht im deutschsprachigen Bereich bislang noch recht wenig: Grundlegend sind sicherlich Raab 2008, Schnettler & Knoblauch 2008, Schnettler & Raab 2008, Dinkelaker & Herrle 2009, Bohnsack 2009, Mikos & Wegener 2005, Keppler 2006, Knoblauch 2004, Reichertz 2001 und Wagner-Willi 2004. Einen sehr guten Einblick in die methodischen und methodologischen Probleme der Videointerpretation liefern Knoblauch & Schnettler & Raab & Soeffner 2006.

Bei der Videoanalyse gilt es weiter zu unterscheiden: Es gibt Verfahren, die sich mit der Deutung von Videos beschäftigen, die von Wissenschaftlern zum Zwecke wissenschaftlicher *Forschung* gedreht wurden (paradigmatisch hierfür: Heath, Hindmarsh, Luff 2010, siehe auch Dinkelaker, Herrle 2009), zum zweiten gibt es Verfahren, die sich um die Deutung von Videos bemühen, die von Amateuren zur Dokumentation von *besonderen Festen* und *Anlässen* erstellt wurden (vor allem Raab 2008), und zum dritten lassen sich Verfahren ausmachen, welche

---

[2] Zu der Entwicklung des betrachtenden Blicks siehe Berger 1983, Trautwein 1997, Reichertz 1992 und 1994 und zu den aktuellen Perspektiven der soziologischen Bildforschung siehe Barthes 1989 und Burri 2001. Zum Bildbegriff allgemein Boehm 2006, Belting 1993 und 2001 und Mitchell 2008. Allgemein zur Fotoanalyse in den Sozialwissenschaften Harper 2003. Zur Theorie der Fotografie siehe Bourdieu 1983, Flusser 1994, Kemp & von Amelungen 2000.

die Analyse von Videos angehen, die von (Halb-)Professionellen erzeugt wurden, um einem *Fernsehsenderverkauft* zu werden. Im Weiteren werden wir uns ausschließlich mit der Auslegung der letztgenannten Videos beschäftigen. Trotz all der oben genannten Arbeiten (insbesondere Raab 2008: 156 ff., Keppler 2006: 86 ff. und Bohnsack 2009: 117 ff.) kann man im Hinblick auf die qualitative sozialwissenschaftliche Deutung von Filmen und Videos nicht wirklich von einer ‚komfortablen' Situation sprechen. Einerseits, weil über eine angemessene sozialwissenschaftliche Interpretation von Videos noch vergleichsweise wenig diskutiert wurde (vgl. auch Schnettler & Raab 2008, Abs. 18), andererseits auch deshalb, weil innerhalb der diversen Ansätze über das genaue methodische Vorgehen bei der Datentranskription und der Datendeutung und das jeweilige methodologische Selbstverständnis kein wirklicher Konsens existiert. Zu unterschiedlich sind die theoretischen Prämissen und die daraus abgeleiteten Transkriptions- und Interpretationspraktiken. Deshalb sind alle die oben genannten Fragen im Hinblick auf die Interpretation von Videos strittig – was insbesondere bei den (immer noch wenigen) detaillierten sozialwissenschaftlichen Film- und Videoanalysen sichtbar wird.

Die Lage der sozialwissenschaftlichen Film- und Videoanalyse ist auch deshalb so unkomfortabel, weil die film- und medienwissenschaftlichen Materialanalysen kaum oder gar nicht zur Kenntnis genommen werden. In den Film- und Medienwissenschaften sind gerade in den letzten Jahren, ebenfalls beflügelt durch digital gestützte Aufzeichnungsprogramme, sehr differenzierte und sehr elaborierte Kunstlehren entwickelt worden, um die Besonderheiten der Filmsprache und der Filmsemiotik zu erfassen und in die Bedeutungsrekonstruktion mit einzubeziehen. Zur Film- und Fernsehanalyse siehe Hickethier 2007, Mikos 2003, Korte & Faulstich 1991, Korte 2004 und Bienk 2008; zur Filmsemiotik siehe z. B. Engell 2010 und vor allem Joost 2008. Allgemein zur Bildwissenschaft siehe z. B. Schulz 2005 und Sachs-Hombach 2005. Zur Kunst der Filmgestaltung siehe z. B. Armer 1990, Bach 1997, Agotai 2007 und Mamet & Schreyer 2009. Die Besonderheit dieser Kunstlehren besteht nun darin, dass sie vor allem geeignet sind, die ästhetischen Qualitäten von Filmen in den Blick zu nehmen. Für sozialwissenschaftliche Handlungsanalysen sind sie dagegen weniger geeignet. Das schränkt auch ihre Nützlichkeit für die Deutung von Videoproduktionen ein.

Die vorliegende Arbeit möchte hier die Diskussion um eine angemessene hermeneutische Deutungstheorie und Deutungspraktik weiterführen, indem erst die methodologischen Prämissen einer wissenssoziologisch und somit *handlungstheoretisch* ausgerichteten Hermeneutik (erneut und in erweiterter Form) vorgestellt und die sich daraus ergebende Forschungspraxis an einem Beispiel, nämlich der Interpretation eines Videos, nachvollziehbar verdeutlicht werden. Wie immer bei hermeneutischen Analysen werden dann schlussendlich die Ergebnisse in eine skizzenhafte Zeitdiagnostik eingerückt und diskutiert.

1 Was ist hier eigentlich los und was ist die Frage ?

Bilder, Filme wie Videos begegnen den ForscherInnen nie unvorbereitet. Sie kommen nicht daher und treffen einen zufällig. Bilder wie Videos (und alle anderen Daten) werden entweder von ForscherInnen gesucht und eingesammelt, oder aber sie werden erst selbst produziert – nach den Standards, die man für relevant hält. Diese Unterscheidung ist grundlegend. Was man an Daten sammelt oder erschafft hängt nun von der Fragestellung und den daraus resultierenden Relevanzen ab. Deshalb muss man als erstes seine Fragestellung offen legen – und das möglichst präzise und konkret. Wer keine Frage hat, findet nichts. Und wer seine Frage nicht offenlegt, der täuscht bestenfalls nur sich selbst.

In unserem Fall haben wir uns im Rahmen eines DFG-Forschungsprojekts zur Rolle der Medien bei der Herstellung Innerer Sicherheit in einem Forschungsabschnitt mit den Fragen beschäftigt, *welche Normen im Fernsehen on air thematisiert werden und ob das Fernsehen selbst diese Normen bewertet.* Zu diesem Zweck haben wir vom deutschen Fernsehen ausgestrahlte Sendungen, in denen Innere Sicherheit in irgendeiner Art thematisiert wird, digital aufgezeichnet und auf einer Festplatte gespeichert. Ein besonderer Typ solcher Fernsehsendungen, nämlich *Videoproduktionen* (kurz: Video), sind jene, die vorgeben, den Alltag von Personengruppen, die im Bereich der Inneren Sicherheit tätig sind (Polizisten, Zöllner, Detektive, Kontrolleure etc.), zu dokumentieren. Videoproduktionen sollen hier alle die professionellen wie nicht-professionellen Aufnahmen heißen, die mit Hilfe digitaler Videokameras aufgezeichnet wurden und deren Bild deshalb (im Unterschied zu fotografischen Filmkameras) sofort als Bilder und als digitale Datei verfügbar ist. Einen Teil einer solchen digitalen Datei, auf der eine von einer eigenständigen Produktionsgesellschaft erstellte Sendung zum Alltag deutscher Kontrolleure gespeichert ist, möchten wir hermeneutisch ausdeuten. Ziel der hermeneutischen Deutung ist die (Re-)Konstruktion der sozialen Bedeutung des Videos. Das ist der Rahmen unseres Handelns. Ohne Rahmen macht nichts Sinn.

Dazu gehört auch die Klärung der Frage, welche Bedeutung hier eigentlich gedeutet werden soll. Geht es um die Rekonstruktion der *Intention* des oder der ProduzentInnen des Videos oder der möglichen Auftraggeber, also um das, was einzelne Macher bewusst mit der Gestaltung des Videos erreichen wollen? Oder geht es darum, die notwendigerweise singuläre und *subjektive Zuschreibung von Bedeutung* im Moment der Rezeption zu ermitteln, also das zu bestimmen, was im Augenblick der Aneignung im Bewusstsein des Rezipienten geschieht? Oder will man gar (dem Programm der *Cultural Studies* folgend – vgl. hierzu Bromley,

Göttlich, Winter 1999; eine interessante, nicht nur von den Cultural Studies inspirierte Einführung in die Filmanalyse liegt mit Mikos 2003 vor) den kommunikativen und interaktiven Umgang mit dem Video, also deren Aneignung und weitere Verwendung bestimmen, also klären, ob das Aneignen des Videos irgendwelche Folgen hatte und wenn ja, welche, und durch welche Faktoren diese bedingt war?

Die ersten beiden, im Kern subjektiven und von der individuellen und sozialen Biografie geformten Bedeutungsvorstellungen sind soziologisch von geringem Belang und zudem nicht zugänglich. Deshalb fallen sie hier als Zielpunkte der Analyse aus. Auch soll hier nicht die Suche nach der dritten Bedeutung aufgenommen werden, nämlich dem sozialen Umgang mit dem Video und der in der kommunikativen Aneignung erschaffenen Bedeutung, die durchaus soziologisch relevant und mittels Ethnographien prinzipiell ermittelbar ist.

Insgesamt soll hier und jetzt auch die ‚Abnehmerseite' eines Videos, also die Ermittlung der Aneignung von Bedeutung in konkreten Kommunikationssituationen, außen vor bleiben – wohl wissend, dass vor allem die im Aneignungsprozess geschaffene Gebrauchsbedeutung (siehe hierzu Hall 1999; Hepp, Winter 2008; Krotz 2007, aber natürlich auch Iser 1972 und Eco 1987) die sowohl soziologisch wie medienpolitisch relevante Bedeutung ist.

Auch soll es hiervorrangig *nicht* um das Produkt, das Artefakt ‚Video' und die in ihm eingelassene (semantische) Bedeutung gehen, also um die (Re-)Konstruktion des Inhalts eines bestimmten Videoausschnitts. Stattdessen interessiert uns die Frage, *was das Video von dem Zuschauer will, was es im Schilde führt, wie es versucht, Kommunikationsmacht (vgl. Reichertz 2010b) aufzubauen und mit welchem Ziel es Kommunikationsmacht aufbaut.*

Um sofort einem nahe liegenden Missverständnis zu begegnen: Hier wird nicht die Perspektive von Mitchell geteilt, der auch danach fragt, was das Bild will, sich jedoch für das Begehren der Bilder interessiert (vgl. Mitchell 2008: 46 ff.). Mitchell macht dabei das Bild zum Subjekt, zum eigenständigen Akteur. So interessant und fruchtbar diese Perspektive, die Bilder wie Personen behandelt, auch ist, sie wird hier nicht verfolgt. Hier geht es stattdessen um die Kamera, nicht das Bild. Die Kamera hat tatsächlich ein Leben, sie kommuniziert, indem sie zeigt. Kameras zeigen nicht nur Handlungen, sondern durch ihr Zeigen vollziehen sie selbst Handlungen, sie leisten Welt-Deutungen und bieten diese auf einem Markt an, sie bauen Beziehungen zum Zuschauer auf und nutzen sie, sie haben Interessen und verfolgen sie. Es gibt kein unschuldiges (Kamera-)Bild und es gibt auch kein unschuldiges Video. Uns geht es also hier um die gesellschaftliche Botschaft eines bestimmten Videos, was es oder genauer, deren (korporierter) Autor, von dem Zuschauer will.Dabei geht es nicht darum, die bösen Absichten vermeintlich schlecht gesinnter Medienakteure zu entlarven und anzuprangern, sondern die ‚Kamera' wird hier begriffen als soziales System von Akteuren, die mit bestimmten sozialen Praktiken der filmischen Darstellung versuchen, auf die

Mediennutzer einzuwirken. Die aufgezeichneten und versendeten Bilder können auf den Nutzer keinen Zwang ausüben, sondern sind sich einschmeichelnde Angebote, die genutzt werden wollen. Dazu weiter unten mehr.

Zu der Darstellung des Rahmens gehört auch, dass die von uns untersuchten Videos Daten sind, die *nicht* vom Wissenschaftler zum Zwecke der Analyse geschaffen wurden, sondern sie wurden unbehelligt von wissenschaftlichen Anfragen und Ansprüchen von der untersuchten Praxis erstellt und sie kursieren dort auch als Ausdruck dieser Praxis. Die Videos sind konstitutiver Teil der untersuchten Praxis. Das macht sie zu recht guten Daten für unsere Frage, da wir ja nicht wissen wollen, was jemand über diese Praxis denkt, wie sich wer darüber äußert oder wie er sie beurteilt.

Zu der Bestimmung des Rahmens gehört aber auch, das Video selbst einzuordnen. Es ist, das kann und muss man hier bereits sagen, keine audio-visuelle Aufzeichnung von Wirklichkeit (z. B. einer Hochzeit) mit Hilfe einer Kamera, die Laien erstellt haben, um das Ereignis für eine bestimmte Gruppe (auch generationsübergreifend) zu konservieren. Sondern das hier untersuchte Video wurde von einem kommerziellen privatwirtschaftlichen Unternehmen in der Absicht angefertigt, die Rechte an der Ausstrahlung an einen Fernsehsender zu verkaufen. Es geht also um wirtschaftliches Handeln, nicht um private Erinnerungsarbeit.

Gute Daten sind das Eine, eine gute Methode, das Video zu *protokollieren*, also angemessen zu transkribieren, ist das Andere. Obwohl es gerade bei der Transkription von stillen und bewegten Bildern angesichts neuer Software deutliche Fortschritte gibt, gilt der Befund Oevermanns aus dem Jahre 2000 immer noch: „Für die Notierung visueller Sequenzen, zum Beispiel in Filmanalysen, ergeben sich nach wie vor große ungelöste Probleme" (Oevermann 2000b: 115). Dabei wird es keine generelle Lösung geben können, sondern abhängig von der eigenen Fragestellung sind unter Nutzung vorhandener Systeme fallspezifisch angemessene Verfahren der Datentranskription zu entwickeln. Auch dazu weiter unten mehr. Ebenfalls abhängig von der Fragestellung sind im nächsten Schritt Methoden der *Datenauswertung* auszuwählen oder zu entwickeln. Angesichts der oben genannten Fragestellung halten wir den Einsatz des Verfahrens der hermeneutischen Wissenssoziologie für sinnvoll. Allerdings bedarf sie einer auf das Datenmaterial abgestimmten Modifikation.

2 Vorüberlegungen zur Besonderheit der benutzten Daten

Forschung fängt immer damit an, sich seiner Voraussetzungen, seiner Prämissen reflexiv zu vergewissern. Diese beziehen sich (egal wie implizit) immer auf ein erstes Verständnis vom untersuchten Gegenstand, von den Methoden der Datenerhebung, -protokollierung und Datenauswertung und natürlich auf die gesamte Anlage der Forschung. Auch wenn man nie alles offen legen kann, kann man doch zumindest das ausdrücken, was der Leser benötigt, um die Nachvollziehbarkeit der Deutungsarbeit beurteilen zu können.

2.1 Abschied von der Offenheit um jeden Preis

Jede wissenschaftliche Interpretation von Daten läuft Gefahr, das Neue mit den Augen des Altbekannten zu betrachten – weshalb man dann oft auch nur noch das bereits Bekannte sieht. Deshalb macht es Sinn, bei der Ausdeutung der Daten ,offen' für Neues zu sein bzw. Vorkehrungen dafür zu treffen, dass man nicht nur das Alte wieder entdeckt. Dieser in der gesamten qualitativen Sozialforschung anzutreffende Argwohn gegen das eigene theoretische Vorwissen bzw. das Kontextwissen hat in manchen Kunstlehren Ausdruck in dem Postulat gefunden, völlig auf theoretisches Vorwissen bzw. völlig auf Kontextwissen zu verzichten. Das hat einerseits oft, wenn es versucht wurde, nicht nur zu systematischem Dilettantismus geführt (wie man sich stattdessen seinen *Common-Sense*-Vorurteilen überlassen hat), andererseits hat sich gezeigt, dass der Verzicht auf Wissen kontraproduktiv ist. Entscheidend ist, wie man mit Wissen in der Forschung umgeht.

Deshalb muss das ,Offenheitspostulat' qualitativer Forschung präzisiert werden. Offenheit bedeutet in dieser Präzisierung, dass man nicht vor der Forschungsarbeit das untersuchte Feld mit fixen Hypothesen überzieht, es bedeutet, offen für das möglicherweise Neue zu sein und zu bleiben. Offenheit in der qualitativen Forschung heißt jedoch nicht, dass ForscherInnen im Hinblick auf den untersuchten Gegenstand, die Methodologie und die Methode, bewusst ,dumm' bleiben, sich vorab also nicht informieren. Wer dumm an die Forschung herangeht, bleibt dumm.

In seinem viel gerühmten Artikel hat Ronald Hitzler ausdrücklich von der „künstlichen Dummheit" gesprochen, nicht von der tatsächlichen (vgl. Hitzler 1991). Künstliche Dummheit weiß viel, weil sie sich vorher umfassend informiert hat, was sie wie untersuchen will, klammert aber die Gültigkeit dieses Wissens aus und bleibt so offen für Altes und Neues (siehe auch Reichertz 2003). Künstliche Dummheit kennt auch den *State of the Art* zum Gegenstand, zur Methode und zur Methodologie. Mit dieser systematischen Vergrößerung des eigenen Wissens vor der Forschung vergrößert man zugleich den verfügbaren Raum der guten Gründe, etwas zu tun – und erspart sich dann später auch die leidigen Diskussionen über das, was als ‚akzeptiert' gilt. Das ist hilfreich bei der Interpretation und auch bei der späteren Theoriebildung. Wer sich vor der Arbeit nicht schlau macht, wird außer den eigenen Vor-Urteilen nichts finden, läuft zudem Gefahr, die Kuckucksuhr neu zu erfinden und darf sich über das Kopfschütteln der Scientific Community nicht wundern.

2.2 Vom *still* zum *move*

Stills sind stehende, stille Bilder: Fotografien. Auch wenn *stills* in Serie produziert wurden (Warhol) oder Plakate von Filmen sind, so sind *stills* dennoch immer Fotografien, die man gemacht hat, damit ein Betrachter sie *einzeln* betrachtet. *Stills* stehen für sich, sind Einzelbilder. Das verbindet sie mit Gemälden. Auch diese wurden und werden als selbstversorgte Einheiten produziert, weshalb Gemälde wie *stills* in der Regel symbolisch hoch verdichtet sind – was man besonders schön an den *Untitled Film Stills* von Cindy Sherman (Sherman 1998), aber auch an der fotografischen Neuinszenierung alter Gemälde sehen kann (Sherman 2006). Alles daran zählt, nichts ist zufällig, alles ist mit Bedeutung versehen.

Filme und Videos ergeben sich zwar aus der Reihung einzelner Bilder, aber sie sind nicht die Summe der Einzelbilder. Deshalb wäre es ein Kategorienfehler, Filme oder Videos als die Aneinanderfügung von *stills* anzusehen und entsprechend zu interpretieren. Laufende Bilder sind Daten eigener Art. Die Bedeutungsebene dieser Daten ist nicht das einzelne Bild, sondern die sinnvolle Handlung. Eine Parallelisierung soll das verdeutlichen: Phonem und Graphem sind die kleinsten bedeutungsdifferenzierenden Einheiten beim Sprechen bzw. beim Schreiben. Dennoch interpretiert kein Sozialforscher (im Übrigen zu Recht) Gesprochenes Phonem für Phonem oder Geschriebenes Graphem für Graphem[3], sondern Sinneinheit für Sinneinheit oder Satz für Satz. Es geht immer um die bedeutungstragenden Sinneinheiten. Selbst die Sequenzanalyse geht immer von Sinneinheiten aus und nicht von Laut- oder Schreibeinheiten.

---

[3] Gewiss gibt es auch Fälle, in denen das aufgrund der Fragestellung sinnvoll und notwendig ist, so z. B. bei der Dialektforschung oder der Stimmerkennung, aber innerhalb der sinnverstehenden qualitativen Sozialforschung kommt es nicht vor.

Die entscheidende Frage ist, was denn nun die grundlegende Sinneinheit für die Videoanalyse ist. Gewiss hängt das letztlich von der jeweiligen Fragestellung ab, aber grundsätzlich kann man die Position mit guten Gründen vertreten, dass nicht das *still* die elementare Grundeinheit des Videos, des Films ist, sondern ein (bewusster oder nicht-bewusster) Handlungsakt, ein Interaktions- oder Kommunikationszug, der für das folgende Geschehen Konsequenzen hat, oft auch *turn* genannt. Der relevante Zug könnte auch ‚*move*' genannt werden (vgl. Goffman 2005: 94) und vieles spricht dafür, es im Zusammenhang mit der Videoanalyse auch zu tun[4]. Mit *move* ist dann eine relevante Bewegung im Spiel, im Handlungsgeschehen gemeint, also eine Bewegung, die im Abstimmungsprozess der Handelnden Bedeutung und Folgen hat (man denke auch an die Unterscheidung von Geertz zwischen Augentick und Augenzwinkern; vgl. Geertz 1983). Ein *move* ist alles, was zum einen sinnhaft ist und zum Zweiten den weiteren Verlauf der Ereignisse beeinflusst. Bei der Analyse von Videos gibt es zwei Akteure und entsprechend auch zwei Arten von *moves*, die getrennt zu erheben und zu deuten sind: Die *moves* der Akteure vor der Kamera und die *moves* der Kamera als Akteur.

Eine Videoanalyse kann dann nicht mehr Bild für Bild abschreiten und jedes Bild einzeln interpretieren, sondern sie muss dann *move* für *move* vorgehen. Die Grundeinheit wäre dann das laufende Bild bzw. Handlungseinheiten. Eine solche Umstellung vom *still* zum *move* hat weit reichende Konsequenzen. Eine dieser Konsequenzen wäre, die Nutzung der klassischen Verfahren der Bildanalyse (Ikonographie, Ikonik) zu überprüfen und (wie bereits weiter oben gesagt) statt dessen vermehrt die Verfahren der Filmanalyse und Filmsemiotik zu nutzen und sich zudem mit der Kunst der Filmregie zu beschäftigen und deren Kenntnisse zu nutzen.

Ohne Zweifel hat die hermeneutische Bildinterpretation von den verschiedenen Ansätzen der kunstgeschichtlichen Bildhermeneutik viel lernen können (vgl. Bätschmann 1986). Das gilt insbesondere für die Arbeiten von Panofski und Imdahl (vgl. Panofski 1978, Imdahl 1980, Gehlen 1960 auch Kaemmerling 1979). Diese Kunstlehren wurden jedoch entwickelt, um Werke der *Malkunst* zu interpretieren, und dort haben sie auch ihre Bedeutung. *Kunst* ist nun zweifellos eine eigene Sinnprovinz, mit eignen Regeln, eigenen (und für die jeweilige Zeit) festen (und oft auch explizit kanonisierten) Ausdrucksformen und einem eigenen Diskurs darüber, was angemessen, innovativ, ausdrucksvoll und was Kunst ist. Kunst ist in einen Diskurs eingebettet und bedient sich bestimmter Praktiken und jedes neue Kunst-Werk bezieht sich auf frühere Diskurseinträge und frühere Praktiken. Kunst fängt nie bei null an, sondern hat immer eine in sie eingelassene Geschichte. Manche Maler reflektieren im Malen die Geschichte

---

[4] Es geht hier also nicht um kleinste *Beobachtungs*einheiten, also Kineme und Kinemorpheme (vgl. Birdwhistell 1952), sondern um kleinste *Handlungs*einheiten.

der Malerei, arbeiten bewusst mit Farben und Formen, lösen sie auf, verfremden sie, thematisieren sich selbst, spielen mit den Ausdrucksregeln und Praktiken, schaffen neue. Manche nutzen die Geometrie und setzen geometrische Muster bei der Bildgestaltung bewusst ein, andere verzichten darauf. Fra Angelica malte anders als Caravaggio, und dieser anders als Vermeer und Gericault. Monet hatte anderes im Sinn als Kandinski und Malewitsch anderes als Rothko.

Aber nicht jedes Bild ist auch Kunst. Auch bei Bildern gibt es Unterschiede. Neben dem Kunstwerk gibt es das Gebrauchsbild des Hobbymalers, die Malereien von Kindern und das gedankenlose Gekritzel auf einem Blatt Papier. Und wer wollte solche Bilder mit der Ikonographie oder der Ikonik deuten?

Manche Fotografen reflektieren beim Fotografieren die Geschichte der Malerei, arbeiten bewusst mit Farben und Formen, lösen sie auf, verfremden sie, thematisieren sich selbst, spielen mit den Ausdrucksregeln und Praktiken, schaffen neue. Lewis Hine fotografierte anders als Man Ray, dieser anders als Brassai und Liselotte Strelow. Und Jürgen Teller und Nan Goldin haben anderes im Sinn als Helmut Newton und Bettina Rheims, Nina Lüth, Bert Heinzlmeier oder Barbara Müller.

Aber nicht jedes Foto ist auch Kunst. Auch bei Fotos gibt es Unterschiede. Neben dem Kunstwerk oder der Werbefotografie gibt es das Gebrauchsbild des Hobbyfotografen, die Schnappschüsse in weinseliger Laune und das gedankenund ziellose Geknipse mit der Digitalkamera. Und wer wollte behaupten, solche Fotos ließen sich gewinnbringend mit der Ikonographie oder der Ikonik deuten?

Gemälde und stehende Fotos unterscheiden sich kategorial – weshalb man nur mit großer Vorsicht Methoden der Gemäldeinterpretation auf die Interpretation von *stills* übertragen sollte. Noch sehr viel vorsichtiger sollte man sein, wenn man diese Methoden auf die Analyse von alltäglichen Amateuraufnahmen für den Hausgebrauch, auf zufällige Schnappschüsse oder aber auf Fotos, die Migrantenkinder mit Einwegkameras gemacht haben, die man ihnen zu Forschungszwecken in die Hand gedrückt hat (vgl. Marotzki, Niesyto 2006: 193). Hier geraten ikonographische Interpretationen an den Rand der Plausibilität, während die Deutung der planimetrischen Komposition im Rahmen der Ikonik ihre Nützlichkeit noch unter Beweis zu stellen hat.[5]

2.3 Videos sind keine Filme und sind auch nicht so zu behandeln

Von den stehenden Bildern unterscheiden sich noch einmal die *laufenden* Bilder kategorial. Erst einmal muss man bei den laufenden Bildern zwischen Filmen

---

[5] Wie ‚dünn' die Ergebnisse solcher Bildinterpretationen geraten, kann man gut in dem Band von Marotzki & Niesyto 2006 sehen.

und Videos unterscheiden. Filme folgen einem Drehbuch, Videos in der Regel nicht. Aber auch innerhalb von Filmen und Videos gilt es, Verschiedenes auseinander zu halten. Denn auch hier gibt es Filme und Videos von Professionellen, die ihre Kunst gelernt haben und sich mit ihrer Arbeit auf ‚ihren' Diskurs beziehen, die Geschichte des Films reflektieren, bewusst mit Farben und Formen spielen, Regeln auflösen, verfremden, sich selbst thematisieren, mit den Ausdrucksregeln jonglieren, neue schaffen. Und natürlich gibt es auch hier die Halbprofessionellen und die Amateure und auch solche, die ohne Sinn und Verstand auf den Aufnahmeknopf drücken und hin- und herzoomen. Aber auch hier macht es weder Sinn, die Bewegung der Bilder in *stills* aufzulösen, noch macht es viel Sinn, diese stehenden Bilder ikonographisch oder ikonologisch zu interpretieren. Videos mögen manchmal auch Kunst sein. Dennoch wäre es ein Kurzschluss, sie auch mit den Methoden der Deutung von Malkunst deuten zu wollen. Und: Bild- und Videointerpretation unterscheiden sich kategorial, nicht graduell. Von der Bild- zur Videointerpretation ist kein kleiner Schritt, sondern ein sehr großer (vgl. auch Hietzge 2009). Videointerpretationen bestehen nicht aus der Summe von Einzelbildinterpretationen, sondern sie müssen das Eigene der Bewegtbilddarstellung erfassen können. Eine hermeneutische Film- und Videoanalyse muss also nach anderen, angemesseneren Deutungswegen suchen. Dabei muss sie einerseits die Produktionsbedingungen von Filmen und Videos in den Blick nehmen und berücksichtigen, weil nur so der dadurch geschaffene Möglichkeitsraum von Filmen und Videos erfasst werden kann.Gemälde unterscheiden sich von Videos auch dadurch, dass z. B. der Maler ganz andere Gestaltungsmöglichkeiten hat und hatte – als ein *freelancer*. Und da sich die Erstellung von Videos immer an einem impliziten Zuschauer orientieren, sind andererseits bei der Analyse die Bedingungen alltäglicher Aneignung zu reflektieren – weil nur über sie der implizite Zuschauer und seine Besonderheiten für die Analyse fruchtbar gemacht werden können.

Allerdings gilt es auch bei Filmen und Videos zu unterscheiden: Kino- und Fernsehfilme haben andere Produktionsbedingungen und auch deshalb teilweise eigene und eigenständige Bildsprachen (und andere Vorstellungen von den impliziten Zuschauern) entwickelt: dennoch überwiegen hier die Gemeinsamkeiten, weshalb das methodische Vorgehen ähnlich angelegt sein kann. Videoaufnahmen, egal ob sie von Professionellen oder Gelegenheitsfilmern erstellt wurden, unterscheiden sich dagegen deutlich von den Filmproduktionen, denen immer ein explizites und vorab entwickeltes Drehbuch zugrunde liegt. Videoproduktionen verfügen dagegen eher selten über ein Drehbuch und einen Einstellungsplan, was zur Folge hat, dass sehr viel mehr über Schnitt und Montage eine Erzähllinie gebastelt wird. Gelegenheitsfilmer verzichten sogar völlig darauf, ihre Aufnahmen nachzubearbeiten und ihnen eine eigene Erzähllinie zu geben.

Weil es kein geschriebenes Drehbuch gibt, setzt der Autor des Videos keine vorab entworfene Narration in Bilder um, sondern hält das Sichtbare und Hörbare

von der ‚vorfilmischen Wirklichkeit' scheinbar nur fest – weshalb ja Videoproduktionen oft (zu Unrecht) für dokumentierende Realitätsaufzeichnungen gehalten werden *(Reality-TV)*. Als Ausweis dieser Sonderstellung des Videos verletzt
es u. a. oft ausdrücklich das seit der Gebrüder Lumière grundlegende Prinzip
allen Films, nämlich die Regel, dass die Akteure vor der Kamera nicht in die
Kamera blicken dürfen. Videos verletzen systematisch diese 180°-Regel: Die Beobachteten registrieren oft die anwesende und aufzeichnende Kamera, thematisieren sie, sprechen zu ihr, rechtfertigen ihr Handeln vor der Kamera. Eine andere
grundlegende Praktik des Films ist der Verzicht auf *voice over*-Kommentare. Der
Tonraum des Films ist der vor der oder neben der Kamera. Aus dem Raum neben
der Kamera können zwar Töne eindringen – sie kommen aus dem *off,* aber dieser
off-Ton entstammt noch der gleichen Zeit wie die Handlung vor der Kamera. Er
begleitet die gezeigte Handlung. Dagegen ist die Kamera oder besser: der Mann
hinter der Kamera prinzipiell still[6]. *Voice over*-Kommentare werden später im
Schnittraum hinzugefügt. Es ist die Stimme des Herrn, die einordnet, bewertet.
Sie gehört dem Schöpfer des Videos und der im Video gezeigten Welt. Deshalb
sind *voice over*-Kommentare so etwas wie ‚Gottes Stimme' im Video.

Da das wirkliche Leben sich nicht in Geschichten ereignet und das Abfilmen
des Lebens im Verhältnis 1:1 nur wenige Zuschauer zum Anschauen motiviert,
entwickelt die Videokamera, wenn sie dann für Fernsehproduktionen unterwegs
ist, (meist ex post) eine Geschichte, die sie mittels Filmschnitt erzählt. Damit ist
das Video ein typisches ‚blurred genre' (Geertz 1983), das Elemente aus der Reportage und dem Film enthält, ohne dass man genau angeben kann, in welchem
Verhältnis Film und Reportage in einem konkreten Video jeweils gemischt sind.
Die Spannbreite solcher Videos erstreckt sich von *Richterin Salesch* (echte Richterin, inszenierte und dramatisierte Fälle und Laien, denen man zwar die Haupt-
linien der Handlung vorgibt, jedoch keinen Text, auch *Scripted Reality* genannt)
bis zu *Toto und Harry* (echte Polizisten, reale Ereignisse, erzählender Schnitt)
und der hier interessierenden *24-Sunde-Reportage*. Eine reine Dokumentation
von Leben kann nur als Idealtyp entworfen werden, von dem sich tatsächlich
realisierte Produktionen systematisch unterscheiden müssen. Selbst die Kamera,
die 24 Stunden lang aus einer festen Position das Geschehen auf einer Kreuzung
aufzeichnet, ist keine Dokumentation, sondern dem so gerichteten Kamerablick
ist immer schon eine Annahme darüber eingeschrieben, die sagt, was sehenswert
und was nicht sehenswert ist. Filmen ist also eine andere Geste als Videographie-
ren und das muss bei der Deutung Berücksichtigung finden.

Das Bestehen auf der In-Rechnung-Stellung der Produktions- und Herstellungsbedingungen von Videos soll nicht heimlich die Autorabsicht wieder ins

---

[6] All dies gibt es zweifellos auch beim Film. Doch dort wird es als Stilmittel eingesetzt, um den Film
als Film zu thematisieren.

Spiel bringen. Es geht gerade nicht um die Rettung der Autorintention. Es geht darum zu zeigen, dass durch Produktions- und Herstellungsbedingungen eigene Möglichkeitsräume geschaffen werden, die auch inhaltliche Rahmen kreieren. Sie schaffen ein eigenes Genre und dieses Genre dient dann Machern wie Nutzern als Deutungsrahmen. Diese Rahmen eröffnen und begrenzen kommunikatives Handeln, und sie weisen dem Handeln meist auch ein gewisses Gewicht zu (Witz, Prüfung, Gebet, Entschuldigung). Die Rahmen legen nahe, was jeweils kommuniziert werden darf und was nicht und welche Folgen es hat. Diese Rahmen sind gesellschaftlich erarbeitet und verbürgt – sie sind Institutionen. Rahmen können in bestimmten Situationen interaktiv ausgefüllt, moduliert oder auch verändert werden. Rahmen bilden das Fundament, auf dem Kommunikation möglich wird.

2.4 Abschied vom ikonischen Pfad

Vielleicht sagt ein Bild mehr als 1.000 Worte – auch wenn das Bild nie wirklich spricht, sondern aktiv zum Sprechen gebracht werden muss. Und vielleicht stellen sich die Wahrnehmung des Visuellen und auch dessen Erkennen (auf) einen Schlag her und nicht sequentiell, Schritt für Schritt. Wenn überhaupt gilt dies aber nur für einfache und wenig komplexe Bilder, also für die, die sich in der Tat mit einem Blick erfassen lassen. Auf keinen Fall gilt dies für komplexe Bilder, Infografiken oder Fotos. Sie sind zu komplex, um sie mit einem Blick zu erfassen. Man muss sie mit dem Blick abtasten. Auch wenn man manchmal geneigt sein sollte, bestimmte Bilder, wie z. B. die Infografik (wie die Schrift) von links nach rechts und von oben nach unten zu lesen, wissen wir doch, dass dies meist nicht sehr hilfreich ist. Stattdessen schweift der Blick umher, nimmt zuerst etwas (für den Blick gerade) wichtig Erscheinendes in den Fokus, gleitet dann zu einem anderen Punkt, verharrt vielleicht an einem weiteren, schaut weiter oder bricht seine Betrachtung einfach ab oder beginnt von Neuem. Bilder werden also keinesfalls auf einmal, auf einen Blick erfasst, sondern stets in einem zeitlichen Nacheinander, sequentiell. Sie müssen nach und nach, sukzessiv ‚entschlüsselt‘ werden und dieser Entschlüsselungsweg bildet einen Pfad. Allerdings ist dieser Pfad der Umcodierung nicht als ‚ikonischer Pfad‘ verbindlich vom Autor (Maler, Fotograf, Grafiker, Filmer) für den Betrachter vorgegeben, sondern der Pfad ist im Wesentlichen vom Betrachter abhängig und ist nicht wie die Schrift in exakt untereinander angeordneten Reihen aufgebaut. Auch wenn bei der Bildaneignung vieles simultan wahrgenommen wird, stellt sich nicht alles auf einen Schlag ein, sondern baut sich auf. All das ist empirisch für die Analyse von Werbebildern mit Hilfe diverser *eyetracking*-Verfahren hinreichend gut belegt.

Dass es Blick-Pfade durch Bilder gibt, ist in der Literatur weitgehend unstrittig, strittig ist dagegen, ob es nur einen, vom Autor angelegten Pfad gibt, dem auch der Interpret zu folgen hat. Der Begriff des ‚ikonischen Pfades' wird dabei überwiegend innerhalb der objektiven Hermeneutik verwendet, um zumindest eine grundlegende Sequentialität des Bildes zu postulieren und damit die Möglichkeit der Sequenzanalyse. Der Autor bzw. der Maler wird dabei verstanden als derjenige, der durch seine Komposition einen oder mehrere Wege in seinem Werk vorgibt, die „den Blick wie ein ikonischer Pfad durch das Bild" (Loer 1992: 349, auch Ackermann 1994: 203) führen. Und: „Sequentialität der sinnstrukturierten Welt ist also im simultanen, ikonischen Text nicht aufgehoben, sondern tritt nur in anderer Gestalt auf: räumlich" (Loer 1996: 51). Und daraus folgt, dass die Auslegung den Pfaden folgen muss, „die im Bild selbst durch Komposition und Anordnung seiner Darstellungselemente sinngemäß gelegt sind, und sie muß dabei auch die Sequentialität berücksichtigen, mit der diese Elemente im Herstellen aufeinanderfolgten, weil diese Sequentialität in der synchronen Darbietung eine Darstellungsdifferenz hinterlässt" (Oevermann 2000b: 107 f.).

Verständlich ist das Beharren auf der inneren Sequentialität eines Bildes, gewährleistet doch (gemäß dem Konzept der objektiven Hermeneutik) nur das ‚Anschmiegen an die Sequenzstruktur der Sache', dass diese dadurch ‚selbst zum Sprechen gebracht' werden kann und somit die Gültigkeit der Bedeutungsrekonstruktion gesichert ist. Gibt man das Prinzip der Sequentialität auf, dann muss man (nicht nur der objektive Hermeneut) auf die Sequenzanalyse verzichten, also auf das Instrument der Deutungsarbeit, das als besonders wertvoll gilt.

Demgegenüber ist zu erwarten, dass jeder Betrachter mit seiner eigenen Landkarte durch das betrachtete Bild geht. Möglicherweise hat der Autor des Bildes bestimmte ikonische Pfade mehr oder weniger deutlich vorgezeichnet, doch ob der Betrachter diese sieht und ihnen folgt, das ist seine Sache: er kann jederzeit die Wanderung auf den ikonischen Pfaden (wenn es sie nun geben sollte) abbrechen und neue Wege gehen. Kurz: er macht sich immer und auf jeden Fall sein eigenes Bild.

Dieser Prozess des Pfad-Schaffens ist seinerseits in der Regel nicht von einem, seine Blickbewegung planenden Ich bewusst gesteuert, sondern er vollzieht sich als Ausdruck einer auch sozial erworbenen Fähigkeit und Praxis, sich Grafiken anzueignen, einer: Sehkultur. Sehen ist dabei Bestandteil einer kulturellen Praxis, die sich fraglos versteht. Der erfassende Akt wird als nicht von mir gesteuert erfahren. Gewiss kann ich mich später diesem Akt als Ausdruck meines Ichs und meiner Kultur reflexiv zuwenden. Das ist dann eine Reflexionserfahrung. Dieser Akt der Erfassung ist nun als erfassender Akt erneut nicht vom Ich gesteuert.Die bewusste Wahrnehmung des nicht-bewussten Ausgangspunkts der Wahrnehmung macht letzteren zwar sichtbar, lässt aber den Ausgangspunkt der reflexiven Zuwendung im Dunkeln.

Kurz: Bei der Analyse von *stills* macht es wenig Sinn, nach einem verbindlichen Pfad zu suchen. Alle Versuche, im Bild eine verbindliche Sequenz zu entdecken, müssen als gescheitert angesehen werden – was auch bedeutet, dass es wenig Sinn macht, bei der Analyse von Einzelbildern mit der Sequenzanalyse zu arbeiten.

2.5 Zur Protokollierung von Bildern und Filmen

Die Frage nach dem ikonischen Pfad ist nur eine Unterkategorie der allgemeinen Frage nach der angemessenen Protokollierbarkeit von Bildern und Filmen. Im Kern muss nämlich geklärt werden, ob und wie man Inhalte bestimmter Speichermedien (Bewusstsein, Bild, Film, Sprechen, Text) verlustfrei (also identisch) in strukturell andere Speichermedien transformieren kann – in diesem Fall, ob man die in Bildern jeder Art (Gemälde, Fotos, Grafiken, Filme, technische Bilder) kodierten Inhalte *verlustfrei*, also identisch, in textkodierte Inhalte transformieren kann. Die verlustfreie Übertragung ist deshalb so wichtig, weil die Protokollierung das Datenmaterial der Analyse darstellt. Und fehlt den Daten etwas Wichtiges, dann fehlt es auch in der Analyse.

Die Frage nach der angemessenen Protokollierbarkeit von audio-visuellen Darstellungen, der im Übrigen eine implizite Bild- und Wirkungs- bzw. Aneignungstheorie zugrunde liegt, sind u. E. einerseits trivial, andererseits so schon falsch gestellt. Trivial ist sie, weil keine Abbildung mit dem Original identisch sein kann (Karte – Territorium), schon gar nicht, wenn die Abbildung mit Hilfe eines anderen Mediums erfolgt. Die Materialität des Mediums schreibt sich immer und unlöschbar in die Inhalte ein.

Falsch gestellt ist die Frage, wenn damit adressiert werden soll, eine Bild- oder Filmdeskription sei nur dann gelungen, wenn der individuelle Eindruck des Bildausdrucks beim Betrachter (Simultanität, Vorsprachlichkeit) richtig wiedergegeben werde. Eine solche Forderung ist einerseits Ausdruck einer spezifischen Wirkungs- bzw. Aneignungstheorie, andererseits einer Forschungsfrage verpflichtet, die außerhalb der klassischen soziologischen Forschung liegt. Dies verweist darauf, dass die Frage nicht grundsätzlich beantwortet werden kann, sondern immer nur innerhalb eines bestimmten Forschungskontextes, also unter Berücksichtigung der Frage und des Erkenntnisinteresses und damit fallweise. Hier kann man viel von der in den 1960er und 1970er Jahren geführten Debatte darüber lernen, ob und wann die Texttranskription von sprachlicher Interaktion angemessen ist und wann nicht (die Welt ist mehr als Text).

Aus Sicht einer handlungstheoretisch und wissenssoziologisch orientierten qualitativen Sozialforschung ist die Frage nach der angemessenen Protokollierbarkeit falsch gestellt, weil sie impliziert, es ginge der Sozialforschung im Wesentlichen darum, die auf dem Bild befindlichen, geordneten und miteinander verbundenen Flächen, Punkte, Formen, Farben verlustfrei in einen grammatisch, semantisch und pragmatisch korrekten Text zu verwandeln. Natürlich kann das nicht gelingen, und selbst wenn es gelänge, hätte man doch nichts, was für die qualitative Sozialforschung von Bedeutung wäre. Gleiches würde passieren, wenn man versuchen würde, die Töne eines Musikstücks möglichst verlustfrei in Text zu transformieren. Solange man bei dem Transformationsversuch bei den Einheiten bleibt, die Ausdruck der Materialität des Mediums sind (also den Medieneinheiten), kommt man nicht sehr weit – das ist schon weiter oben gesagt worden. Bilder ebenso wie die mentalen Bilder, die entstehen, wenn wir Bilder betrachten, sind mit Sprache und Sprechen nicht wirklich greifbar.

Wer das Wort ‚rot' mit dem Medium ‚Bild' darstellen will, hat ein ernstes Problem, weil die Transformation des Wortes nicht darin bestehen kann, das Wort auf die Leinwand zu malen oder es abzufotografieren. Denn dann wäre es immer noch Schrift und nicht Bild. Wer die semantische Bedeutung des Wortes ‚rot' darstellen will, der hat das Problem nicht. Der malt einen roten Fleck und muss jetzt nur noch ikonographisch klarmachen, dass er die Farbe meint und nicht den Fleck.

Löst man sich also bei dem Problem der Erzeugung einer Repräsentation von den Medieneinheiten und fragt nach der Möglichkeit, die Bedeutung der Medieneinheiten mit Hilfe eines anderen Mediums zu repräsentieren, dann wandelt sich die Frage von der Formulierung, ob man etwas verlustfrei (also identisch) in ein anderes Medium transformieren kann in die Frage, ob man die mit Hilfe eines Bildmediums *von einem menschlichen Akteur* zum Ausdruck gebrachte Bedeutung auch mit Hilfe eines anderen Mediums hinreichend genau, und insbesondere erkennbar zum Ausdruck bringen kann. Mit *erkennbar* ist nun nicht gemeint, dass die im bildlichen, in ihrer materialen Konkretheit vollzogene Ausdruckshandlung in ihrer Einzigartigkeit erkennbar werden soll, sondern die in der Ausdruckhandlung sozial typisierte Handlung – und die hätte man so gewonnen. Ohne Zweifel sind ein Bild und ein Video anderes als die jeweilige sprachliche Beschreibung, aber die entscheidende Frage ist, ob es gerechtfertigt ist zu sagen, dass ein Mann an seiner Pfeife zieht, wenn das Video Bilder eines Mannes zeigt, der gerade an seiner Pfeife zieht. Und natürlich ist das gerechtfertigt. Denn alles, was Bedeutung hat, kann auch (mit Sprechen oder Schreiben) ausgedrückt werden. Denn die Leitwährung von Bedeutung ist das Sprechen (und nicht die Sprache). Auch wenn Bilder ohne Zweifel eigen sind, lassen sich die Eigenheiten (und das sehen wir anders als Mitchell 2008: 67) von Bildern in sprachliche Bedeutung ‚ummünzen'.

2.6 Den Handlungs- und Kommunikationscharakter von Bildern betonen und (re-)konstruieren

Akteure greifen bei der Gestaltung ihres Handelns und ihrer Kommunikation unentwegt und notwendigerweise auf Handlungstypen, Kommunikationsgattungen, Formate, Rahmen etc. zurück, um sich und andere zu orientieren – darüber, wo man ist, wie man etwas meint und wie man etwas versteht. Diese Nutzung gesellschaftlicher Typisierungen von Situationen hilft dabei, Handlungen anderer und auch die eigenen zu identifizieren oder sie auch anderen verständlich zu machen – also sich selbst, aber auch den sozialen Ort des anderen zu finden. Dieser gesellschaftliche Bestand an Situations- und Handlungstypisierungen ist Ergebnis der Geschichte einer Interaktionsgemeinschaft oder besser: er besteht aus – im Laufe der Geschichte absedimentierten, abgelagerten – Handlungsmustern und -abfolgen, die sich in dieser Gemeinschaft bis zu diesem Zeitpunkt als ‚erfolgreich‘ *(the fittest)* bewährt haben.

Diese Handlungstypen organisieren einerseits die Erfahrung mit dem Anderen und der Welt und natürlich auch mit Kommunikation (vgl. Goffman 1977: 19), sie finden andererseits aber auch Anwendung bei jeder Art symbolischer wie nichtsymbolischer Interaktion. Dabei wirken sie nicht handlungsnormierend (erst recht nicht handlungsdeterminierend) über eine ihnen eigene strukturelle Kraft, sondern sie geben bewährte Interpretations- und Handlungsmuster vor, an die man sich (wenn auch mit für den einzelnen Akteur typischen Abschattierungen) anschließt, will man in der jeweiligen Interaktionsgemeinschaft verstanden werden und verstanden bleiben.

Handlungstypen müssen also, gerade wegen ihrer Veränderbarkeit im Laufe jeder Interaktion, immer wieder neu bekräftigt und ratifiziert werden. In welchem Typus man sich gerade befindet, darüber gibt die Geschichte der Interaktion, also der Kontext, Auskunft. Wenn man nicht weiß, in welchem typischen Kontext man sich befindet, kann man über die Bedeutung von Interaktionszügen nichts sagen.

Handeln ist immer auch symbolisch. Um zu ‚handeln‘ muss man an der gesellschaftlichen Praxis teilhaben. Um Handeln zu erkennen und zu verstehen, muss man an der jeweiligen gesellschaftlichen Praxis teilhaben. Die Bedeutung der *Bewegung* ergibt sich dabei nicht aus der Semantik von Elementen, sondern immer nur aus der Praxis der Verwendung. Das ‚Sich-Bewegen‘ in typisierter Form ist die Aufführung einer bestimmten gesellschaftlichen Handlung in einem bestimmten gesellschaftlichen Drama. Die Aufführung kann bewusst sein oder auch nicht. Aber zweifellos hat Handeln Bedeutung und beeinflusst das kommunikative Geschehen maßgeblich mit.

Gewichtige Teile des Handelns resultieren aus der gesellschaftlichen Semiotisierung des Körpers, der Typisierungen von Körperbewegungen, aus dem inkorporierten Habitus, aus der Interaktionsdynamik, aus dem Machtverhältnis der Handelnden zueinander. Oder wie Belting das formuliert: Unsere „Körper sind gleichsam lebende Medien, weil sie Bilder empfangen und zugleich sich selbst als Bilder aufführen" (Belting 2008: 8). Entscheidende Teile des Handelns sind weder dem unbewussten Verhalten noch dem bewussten Handeln zuzuordnen, sondern sind dem *Tun* zuzurechnen, also dem Bereich, welcher der Reflexion zwar prinzipiell zugänglich ist, doch im Alltag meist mit Recht unthematisiert bleibt, bleiben muss. Kommunikatives Tun adressiert hier zum einen das früher einmal bewusste kommunikative Handeln, das erst routinisiert wurde und sich im Laufe der Lebensgeschichte dann absedimentierte und ‚unbewusst' aufgerufen werden kann, zum anderen adressiert es aber auch, und das ist der wesentliche Punkt, die über die Teilnahme am interaktiven wie kommunikativen Wechselspiel in den Körper eingeschriebenen gesellschaftlichen Praktiken der Bedeutungsproduktion.

Eine Interpretation von sozialen Handlungen zielt nun darauf, diese gesellschaftliche Bedeutung von Handlungen zu finden, zu rekonstruieren. Deshalb versteht sich diese Hermeneutik auch immer als eine *Hermeneutik des Sozialen*. Der Ausdruck ‚sozial' ergibt sich daraus, dass es allein um die Bedeutung geht, welche durch eine Handlung innerhalb einer bestimmten Interaktionsgemeinschaft, betrachtet man sie aus der Perspektive des ‚generalisierten Anderen' der jeweiligen Interaktionsgemeinschaft (also nicht aus der Perspektive des konkreten Akteurs), erzeugt wird (vgl. Mead 1983). Ein solcher Bedeutungsbegriff löst sich völlig von der Akteursintention, also dem vom Akteur subjektiv Gemeinten. Dieses, nämlich das subjektiv ‚wirklich' Gemeinte, ist unwiederbringlich verloren.

In der sozialwissenschaftlichen Bildanalyse ist der Handlungscharakter des bildlichen Ausdrucks bislang zu wenig beachtet worden. Viele Kunstlehren greifen bei der Analyse von Bildern die Traditionen der kunstwissenschaftlichen Deutung auf – selbst dann, wenn das zu analysierende Bild explizit nicht das Ergebnis eines künstlerischen Schaffensprozesses ist. So wertvoll solche Ansätze (je nach Fragestellung) sein können, konzentrieren sie sich doch zu stark auf das Bild selbst, die formale Komposition oder gar die künstlerische Absicht des Bildproduzenten. Der Bildausdruck als kommunikative Handlung gerät dabei eher selten in den Blick.

Sozialwissenschaftliche Ansätze der Bildinterpretation sollten dagegen, insbesondere wenn sie in praktischen Kontexten produziert wurden und praktischen Zwecken dienen, den Handlungs- und Kommunikationscharakter von bildlichen Ausdruckshandlungen in den Blick nehmen. Wer sich bildlich ausdrückt, der kommuniziert, und weil er kommuniziert, handelt er. Allerdings taucht bei bildlichen Ausdruckshandlungen die ‚(Kommunikations-)Handlung' auf zwei Ebenen auf: Auf der Ebene der Darstellung und der Ebene des Darstellens. Eine bildliche Ausdruckhandlung besteht nämlich in der Regel (also nicht immer) aus einer auf dem Bild dargestellten sozial typisierten und damit erkenn- und beschreibbaren Handlung (z. B. Maria hält ihren toten Sohn im Arm) und einer durch das Bild sichtbar gewordene Form einer sozial typisierten und damit erkenn- und beschreibbaren Handlung der Bildgestaltung (bestimmte Interpretation des Pietà-Motivs).

Da es immer um sozial typisierte Handlungen geht und deren sozial typisierte Bedeutung (also immer nur um *types* und nicht um *tokens*), stellt sich die Frage nach der Transformierbarkeit von Bedeutung also neu und anders. Dann ist aber die Fassung der Bedeutung eines bildlichen Ausdrucks im Textausdruck kein grundsätzliches, sondern ein eher handlungspraktisches Problem. Stellt man also um von dem, was auf dem Bild gezeigt wird, hin zu dem, was durch den bildlichen Ausdruck an Handlung gezeigt und gesetzt wird, dann ist eine Transformation vom Bild in Text möglich, da Text wie Bild Ausdrucksmedien für sozial Typisiertes sind. Das daraus resultierende zentrale Problem besteht dann in der Bilddeutung und nicht in der angemessenen Vertextung. Allerdings kann ein Vertextungsversuch oder noch besser: Eine systematische Vertextungspartitur dabei hilfreich sein, die Bedeutung zu ermitteln.

Insofern ist die ‚Vertextung‘ von bildlichem Ausdruckshandeln einerseits Mittel, andererseits Ergebnis der sozialwissenschaftlichen Bildanalyse. Zu einer solchen ‚Vertextung‘ (die natürlich auch mit Symbolen arbeiten kann) gibt es bei der wissenschaftlichen Interpretation keine Alternative: Eine Berücksichtigung des ‚Vorsymbolischen‘, welche vorgeblich der Eigensinnigkeit des Bildes und den visuellen Kompetenzen Rechnung tragen soll (vgl. Bohnsack 2009: 139 und Keppler 2006: 104), ist nicht nur ohne jeden Halt, sondern auch im wahrsten Sinne bedeutungslos. Ohne Zweifel gibt es jenseits des Symbolischen etwas, aber was genau soll das sein, und: Wie soll es bei der Interpretation Berücksichtigung finden? Was jenseits der Symbole ist, darüber müssen (um eine verwandte Formulierung Wittgenstein zu entleihen) die Sozialwissenschaftler schweigen.

2.7 Vom Bildinhalt zum Bildgestalter

Viele sozialwissenschaftliche Bild- oder Videoanalysen konzentrieren sich vor allem auf die Bildinhalte: Was ist auf dem Material zu sehen und was bedeutet das Gezeigte? Implizit wird dabei davon ausgegangen, als würden die Interpreten selbst die Ereignisse sehen, die sie interpretieren, als seien sie selbst Zeugen der Ereignisse, als könnten sie die Ereignisse beobachten. Oft gerät einer solchen Deutungskunst aus den Augen, dass sie nicht sieht, sondern dass ihr statt dessen etwas von anderen gezeigt wird, mit bestimmten Absichten, nach bestimmten Mustern, mit bestimmten Mitteln.

Das wirft die Frage auf, wer eigentlich der handelnde und kommunizierende Akteur im Film/Video ist? Entgegen dem ersten Augenschein gibt es nicht nur den Handelnden, den die Kamera zeigt, sondern auch den Handelnden, der die Kamera in der Hand hält und die Kommandos gibt. Letzterer bestimmt durch seine Aufzeichnung, was vom Handeln vor der Kamera bleibt. Was letztlich also zählt, ist das Handeln der Kamera. Was man als Zuschauer später sieht, ist nur das, was die Kamera uns sehen lässt. Die Kamerahandlung ist also keine Zeigegeste in dem Sinne, dass sie sagen würde: „Schaut dort einmal hin!" und die Angesprochenen schauen in die angezeigte Richtung und machen sich alle ihr eigenes Bild, sondern die Kamera zeigt nicht auf etwas hin, vielmehr schafft sie selbst ein Bild, das sie dem Betrachter vor die Augen hält. Die Geste der Kamera zeigt sich nicht, sondern sie schafft mit bestimmten Zeichen eine eigene Weltansicht, sie drückt sich in besonderer Weise aus, sie will etwas vom Zuschauer und sie setzt sich immer in Relation zum Zuschauer und sie spricht zum Zuschauer – selbst dann, wenn sie keine Worte benutzt. Die Handlung der Kamera besteht also nicht im Zeigen, sondern im *Kommunizieren*. Deshalb muss die Analyse von Kamerahandlungen immer auch Kommunikationsanalyse sein.

Immer handeln und kommunizieren also (mindestens) zwei Parteien: die *vor* der Kamera und die *hinter* der Kamera (diejenigen, die aufnehmen, die das Aufgenommene bearbeiten und damit abschließend entscheiden, was sehenswert und was unwichtig ist). Allerdings gibt es genre-, medien- und kulturabhängig unterschiedliche Verhaltensweisen der beiden Akteure. Manchmal versucht sich die Kamera unsichtbar zu machen z. B. mittels Standkamera, die immer nur ein Objekt in den Blick nimmt und ihren Standort nicht verändert. Oder aber sie folgt fast unmerklich den Bewegungen oder den Blicken der Handelnden vor der Kamera. Die Kamera scheint dann nur zu beobachten, das ‚Objektive' aufzuzeichnen. Ihre Bewegungen sind motiviert durch das ‚Subjekt' vor der Kamera.

Die Kamera kann aber auch ganz anders. Sie kann sich nach eigenen scheinbar *subjektiven* Relevanzkriterien bestimmten Dinge vor der Kamera zuwenden, sie genauer betrachten. Sie kann sich aber auch vom Geschehen abwenden und sich anderen Dingen widmen. Sie kann so tun, als besäße sie ein eigenes Leben *(living camera)*. Sie kann scheinbar *autonom* entscheiden, was sie als nächstes in den Blick nimmt. Sie kann auch Bewegungen vollziehen, die Menschen oder dem menschlichen Blick nicht möglich sind – sie kann also die Fesseln menschlicher Beweglichkeit und Körperlichkeit abstreifen. Sie kann hektisch und alarmiert auf sich selbst aufmerksam (Wackelkamera, Zoom, hektischer Schnitt, Farbwechsel etc.) machen oder sie kann sich dezent im Hintergrund halten. Es gibt nur eine Sache, was die Kamera nicht wirklich kann: Sie kann sich nicht unsichtbar machen.

Noch eines ist sehr wichtig: Die Kamera zeichnet nicht wirklich das Geschehen vor der Kamera auf, sondern sie schafft, sie konstruiert, sie komponiert einen eigenen, zweidimensionalen Bild- und Tonraum, wobei der Tonraum größer, weiter sein kann als der Bildraum. Die Kamera erschafft ein bestimmtes Bildfeld

(Kadrierung[7]), indem sie wortwörtlich einen Rahmen um das Bild macht. Dadurch werden in bestimmten Grenzen, den Bildrändern, bestimmte Personen und Gegenstände aus einer bestimmten Perspektive zueinander in eine bestimmte Position und eine bestimmte Beziehung gebracht oder in den *terms* von Goffman: Die Kadrierung zeigt, was die (Vorder-)Bühne ist, welches Ensemble dort in welchen Kulissen mit welchen Requisiten wie agiert und welches Stück gerade aufgeführt wird. Die Kadrierung legt damit aber auch fest, was außerhalb ist. Sie zeigt dabei nicht den ‚vorfilmischen' Raum, sondern komponiert einen filmischen Raum und ordnet dort alles so an, wie es für den Urheber der Kadrierung Sinn macht. Die Kadrierung trennt das Sichtbare vom (Noch-)Nicht-Sichtbaren. Die Kadrierung schließt ab. Deshalb ist die Kadrierung auch Festlegung – dennoch immer beweglich (siehe auch Agotai 2007: 47–95). Zeigt das *still* einen abgeschlossenen Raum, so bewegt sich die Kamera meist (nicht immer) in einem offenen Raum, den sie durchschreiten kann.

Ist die Kadrierung, also die Entscheidung, was alles von den zeigbaren Dingen in der Welt zu einem bestimmten Zeitpunkt gezeigt wird, die eine entscheidende Selektion bei der Komposition von Filmen und Videos, so ist die *Montage* die zweite. Die Montage setzt nun nicht nur Bildspur und Tonspur miteinander in Beziehung, sondern die Montage wählt vor allem aus, welche von den gezeigten Dingen in der Zeit weiter verfolgt werden. Die erste Wahl geht quer zur Zeit (syntagmatisch), die zweite entlang der Zeit (paradigmatisch).

Filmanalyse kann und darf sich also nie auf die Bild- und Bildinhaltsanalyse bzw. auf die Analyse der vor der Kamera anlaufenden Aktionen beschränken, da die Kamerahandlung stets konstitutiver Bestandteil des Films ist. Sie hat sich durch eine Fülle nonverbaler Zeichen (aber auch verbaler Zeichen, Fragen eines Reporters aus dem *off* oder Kommentar mittels *voice over*) in den Film bzw. in dessen Kopie eingeschrieben, sie hat im Film einen bedeutsamen Abdruck hinterlassen. In jeder audio-visuellen Darstellung von Handlungen finden sich also immer zwei Komplexe von Zeichen: Zum einen die Zeichen, welche auf die Regeln der abgebildeten Handlungen, zum anderen die, welche auf die Regeln der Handlung der Abbildung verweisen. Letzteren gilt es, vor allem bei der Analyse von Videos sehr viel mehr Aufmerksamkeit zu schenken.

---

[7] „Kadrierung/Kadrage/Cadrage (von frz. *Cadre,* ‚Rahmen', ‚Einfassung'), die exakte Komposition eines von einem Kameraobjektiv aufgenommenen Bildes, einschließlich der Bestimmung der Bildgrenzen und der Position von Figuren und Gegenständen" (Steinmetz 2006: 25). Damit wählt die Kadrierung aus, welche Elemente im Bild enthalten sind und welche nicht. Im Englischen wird ‚Kadrierung' mit ‚Framing' übersetzt.

3 Grundzüge einer hermeneutisch-wissenssoziologischen Videoanalyse

Da wir im Weiteren versuchen werden, ein Video mit dem Verfahren der hermeneutischen Wissenssoziologie zu interpretieren, soll das (eingesetzte und zu erprobende) Auswertungsverfahren hier kurz skizziert werden – wobei die allgemeine Kunstlehre der hermeneutischen Wissenssoziologie im Hinblick auf die Besonderheit des Datenmaterials modifiziert werden muss.

3.1 Die gezeigte Handlung und die Handlung des Zeigens

Die hermeneutische Wissenssoziologie interpretiert, und das ist eine zentrale Besonderheit dieses Ansatzes, ausschließlich Handlungen, also auch *Sprech-* und *Darstellungshandlungen*. Bei der Analyse von Bildern, Fotos, Filmen und Grafiken ergibt sich allerdings die Frage, welches Handeln überhaupt Gegenstand der Untersuchung sein soll. Hier gilt ganz allgemein, und dies im Anschluss an Peters 1980 und Opl 1990 zwischen der *gezeigten Handlung (also der im Bild gezeigten Handlung)* und der *Handlung des Zeigens (also der mit dem Bild zeigenden)* zu unterscheiden[8]. Diese Unterscheidung gilt sowohl für die stehenden wie für die laufenden Bilder. Mit ersterem, also der *Handlung vor der Kamera*, wird das Geschehen bezeichnet, das mit Hilfe des Bildes aufgezeichnet und somit im Bildfeld gezeigt wird, mit letzterem, also der *Kamerahandlung*, der Akt der Aufzeichnung und Gestaltung, also der Akt des Zeigens durch die Gestaltung des Bildes (plus die Gestaltung des von dem Bild Aufgezeichneten). Die Kamerahandlung selbst muss wieder unterteilt werden in die Arbeit der Kamera *während* der Aufnahme (Produktion) und *nach* der Aufnahme (Postproduktion).

Zur Handlung des mit der Bildgestaltung Zeigens gehört bei Filmen und Videos also vor allem (a) die Wahl der Einstellung *(take)*, (b) die Auswahl und Gestaltung des Bildausschnitts (also die *Kadrierung*: Ort der Inszenierung einer Handlung vor der Kamera, die Wahl der Kulissen und des sozialen Settings), (c) die Art und das Tempo des Filmschnitts, (d) die Art und Weise, wie Bild und Ton und wie einzelne Einstellungen miteinander verbunden werden *(Montage)*,

---

[8] Durchaus vergleichbar mit dieser grundsätzlichen Unterscheidung ist der Vorschlag Bohnsacks, bei der dokumentarischen Interpretation von Bildern zu unterscheiden zwischen dem, *was* dargestellt wird, und der Art und Weise, *wie* etwas dargestellt wird (vgl. Bohnsack 2003a: 155–172 und 2003b).

(e) die Kommentierung des Abgebildeten durch Filter, eingeblendete Grafiken, Texte, Töne oder Musik, (f) die Auswahl und Ausrüstung des Aufzeichnungs-geräts (Kamera) und (g) die Gestaltung der Filmkopie (Format, Qualität). Alle diese Handlungen, also Einstellungen, Kadrierung, Schnitt und Montage greifen in der Regel auf kulturell erarbeitete Muster und Rahmen (ikonografische Topoi, Filmästhetik, Filmsemiotik) der Bild- oder Filmgestaltung zurück, weshalb die Handlung des Zeigens sich immer auch auf andere, zeitlich frühere Handlungen des Zeigens bezieht (Inferenz statt Referenz – vgl. Brandom 2000 und 2001). Da die impliziten oder expliziten Entscheidungen über die wesentlichen Elemente der Bildgestaltung oft (bei kommerziellen Filmen: immer) zeitlich der Handlung im Bild vorangehen bzw. diese dominieren, bildet die Bildgestaltungshandlung, also die Kamerahandlung, den für die (alltägliche und wissenschaftliche) Inter-pretation dominanten Handlungsrahmen, in den die Handlung im Bild, also die Handlung vor der Kamera, unauflöslich eingebunden ist.

Allerdings findet sich oft für die Bildgestaltungshandlung bei näherer Be-trachtung kein personaler Akteur, da z. B. im Falle eines Filmes der Regisseur in der Regel nicht für alle Kamerahandlungen zuständig ist. Meist sind an der Ka-merahandlung auch Kameraleute, Maskenbildner, Tontechniker, Kulissenschie-ber, Ausleuchter, Kabelträger, Kreative, Text- und Songschreiber, betriebseigene Medienforscher u. v. a. m. beteiligt. Das (durch Professionsstandards angeleitete) Zusammenspiel all dieser Funktionen bringt schlussendlich das zustande, was als ‚Film‘, ‚Show‘ etc. gesendet wird oder als Bild, Grafik, Werbeanzeige oder Homepage veröffentlicht wird. Wird im Weiteren von dem Akteur der Bild-gestaltung gesprochen, dann ist immer ein ‚korporierter Akteur‘ (= Summe aller Handlungslogiken, die an der Bildgestaltung mitwirken) gemeint.

Stets kommentiert der ‚korporierte Akteur‘ durch die Handlung der Bildge-staltung die Handlung im Bild. Jede Auswahlhandlung von ihm kommentiert und interpretiert das Abgebildete. Auch der Versuch, mit der audio-visuellen Darstel-lung nur das wiederzugeben, was den abgebildeten Dingen (scheinbar von Natur aus) anhaftet, ist ein Kommentar, allerdings ein anderer als der, wenn die Kamera z. B. durch Schärfentiefe, Verzerrungen etc. auf sich selbst weist. Im ersten Fall versucht der ‚korporierte Akteur‘ sein Tun und die Bedeutung seiner Handlungs-logik zu leugnen bzw. zu vertuschen, im zweiten Fall schiebt er sich zwischen Abgebildetes und Betrachter und bringt sich damit selbst ins Gespräch.

Aus diesem Grund geht es bei der Analyse audio-visuellen Materials um die Auffindung der sozialen Bedeutung der Handlung der Bildgestaltung *plus* der durch sie eingefangenen Handlung im Bild – und nicht allein um die Rekonstruk-tion der Bedeutung des gezeigten Geschehens.

3.2 Sequenzanalyse – Feinanalyse – Kalibrierung

Da es bei der Deutung von Videos in dem hier entwickelten Sinne um die Deutung von audio-visuell dokumentierten pfadabhängigen Handlungen geht, macht es auch wieder Sinn, systematisch die *Sequenzanalyse* einzusetzen. Denn im Gegensatz zu dem *still* gibt es bei Videos einen Pfad – sogar mindestens zwei Pfade, nämlich den Pfad der Handlung vor der Kamera und den Pfad der Handlung mit der Kamera. Die Sequenzanalyse deutet beide Handlungsstränge *move* für *move*, zeichnet die Pfade nach, den die Handlungen vor der Kamera und die Handlungen mit der Kamera geschaffen haben.

Aber mit der Entscheidung, dass eine Sequenzanalyse möglich ist, sind noch nicht alle Entscheidungen gefallen. Es mag zwar die eine Sequenzanalyse geben, doch im Kern bedeutet der Begriff erst einmal nur, dass die Daten im Laufe ihres Entstehungsprozesses, also entlang des Entstehungspfades, interpretiert werden sollen und dass man keinesfalls Daten aus einem späteren Prozesszeitpunkt nutzen darf, um einen früheren Zustand zu erklären.

Jede Sequenzanalyse muss dann aber (ob implizit oder explizit, das ist ohne Belang) die interessierenden Analyseeinheiten mit der Fragestellung kalibrieren. Nicht jede Sequenzanalyse muss auch eine Feinanalyse sein, also die kleinsten sinntragenden Einheiten als Analyseeinheit wählen. Was die kleinste Einheit ist, das muss vorab immer erst bestimmt werden, indem man Fragestellung und Einheit aufeinander abstimmt, kalibriert. Denn nicht jede Sequenzanalyse setzt immer und notwendigerweise an dem scheinbar ersten Wort an und lässt alles Weitere außen vor. Geht es in der Frage um den grundsätzlichen Aufbau von Bedeutung oder gar um die Praktiken, wie Sozialität angezeigt und hergestellt wird, dann sind gewiss die kleinsten Kommunikations- und Interaktionseinheiten von Bedeutung für die Analyse. Geht es in der Frage jedoch um die soziale Bedeutung bestimmter Handlungszüge in einer sozialen Interaktion, dann muss die Feinanalyse nicht so fein sein: Dann arbeitet die Sequenzanalyse mit größeren Einheiten. Bevor also bestimmt werden kann, wie fein die Sequenzanalyse eingestellt werden soll, muss eine Kalibrierung erfolgen. Ohne Kalibrierung gibt es keine Orientierung für den Interpreten, was überhaupt der Fall ist und dann kann er auch nicht mit der Arbeit beginnen.

Der Akt der Kalibrierung und dessen Notwendigkeit werden bei Sequenzanalysen gerne unterschlagen – manchmal explizit mit den Hinweis, eine solche Abstimmung der Daten auf die Fragestellung sei das berühmte und grundsätzliche verbotene Einbeziehen des Kontextes in die Analyse und das führe doch zur Subsumtion. Letztere sei unbedingt zu vermeiden. Eine solche Erklärung verdammt jede Art von Vorkenntnis als Kontextwissen, ohne zum einen verschiedene Formen von Vorkenntnissen zu unterscheiden und zum anderen sich den wirklichen Deutungsprozess einmal zu betrachten und zu analysieren. Verständlich ist eine solche Erklärung, geht doch damit das leise Versprechen einher, man könne damit dem unbeliebten hermeneutischen Zirkel entgehen. Denn das machte lange Zeit den Charme der Sequenzanalyse aus, dass sie scheinbar ohne Vorabtheorie über den Gegenstand auskam: Man nehme ohne Ansehen auf die Bedeutung immer die erste Einheit einer Datenmenge und verfolge dann den Entwicklungsprozess – so eine gängige Regel der Sequenzanalyse.

Zwar kann man explizit so das Vorgehen beschreiben, doch bei der Durchführung einer Sequenzanalyse müssen implizit oder explizit immer noch andere Entscheidungen getroffen werden. Hier ist es hilfreich, mindestens zwischen vier Arten von ‚Kontextwissen' zu unterscheiden: (1) Dem *Wissen um die Welt*, in der man (Forscher und Gegenstand) lebt, also dem Wissen, dass Menschen sterblich sind, dass Fernseher Bilder übertragen, dass es bestimmte ikonische Topoi gibt und dass bestimmte kommunikative Handlungen bestimmte Bedeutungen haben. (2) Dem Wissen um den *äußeren Kontext*, also dem Wissen, wie z. B. eine bestimmte Fernsehsendung produziert wurde, wer das Geld gegeben hat, wer was zu wem gesagt hat, wie der Schnitt wirklich zustande kam und etliches mehr. (3) Dem Wissen um den *inneren Kontext*, also dem Wissen, was sich in und durch die Analyse aufgebaut hat wie z. B. das Wissen darum, was in der analysierten Einheit vorher A zu B gesagt hat etc. (4) Dem Wissen um eine *wissenschaftliche Erklärung* des untersuchten Phänomens, also das Wissen, was bereits in der wissenschaftlichen Literatur vorzufinden ist und das vorgibt, das in Frage stehende Phänomen bereits zu erklären.

Das Verdikt, kein Kontextwissen zuzulassen, weil es sonst zu grundsätzlich unproduktiven Subsumtionen kommt, bezieht sich allein auf das Wissen um den *äußeren Kontext* und mit Maßen auf das Wissen um die *wissenschaftlichen* Erklärungen. Wissen aus dem äußeren Kontext ist zu Recht nicht mit einzubeziehen, weil es den ad-hoc-Erklärungen der beteiligten Akteure einen zu starken Platz einräumt und das Wissen um die bereits vorhandenen wissenschaftlichen Deutungen ist nur einzuklammern, keineswegs nicht zur Kenntnis zu nehmen. Wer, und das war weiter oben bereits begründet, dumm in die Analyse geht, kommt in der Regel auch dumm heraus.

Unser Plädoyer für die Zurkenntnisnahme von Weltwissen – und dazu gehört auch das Wissen, welche Dinge für welche Zwecke bedeutsam sind – möchte explizit in Erinnerung rufen, dass jede hermeneutische Interpretation, also auch die Sequenzanalyse, den hermeneutischen Zirkel nicht wirklich aufbrechen kann. Auch für Sequenzanalysen braucht man Vorwissen, man muss das Ganze kennen, um dann angeben zu können, was in der Analyse der Fall sein soll. Das ist kein Unglück, weil hermeneutische Zirkel keine Kreise, sondern Spiralen sind, die sich auf ein Zentrum verdichten, also sich nicht leer immer nur um sich selbst drehen. Hermeneutik ist immer ein gerichteter Prozess und keine Kreisbewegung.

Die Sequenzanalyse wird nun von hermeneutisch arbeitenden Wissenssoziologen deshalb besonders gerne angewendet, weil sie ein ausgesprochen unpraktisches Verfahren ist. Die strikte Durchführung einer Sequenzanalyse (also der extensiven hermeneutischen Auslegung von Daten in ihrer Sequentialität) kostet nicht nur immens viel Zeit, sondern sie zerstört im Prozess der systematischen und gesteigerten Sinnauslegung alle Selbstverständlichkeiten der eigenen Perspektivik und der eigenen Sprache und Sehgewohnheiten. Strikte Sequenzanalysen führen dazu, dass alle geltenden oder für uns gültigen Vorurteile, Urteile, Meinungen und Ansichten in der Regel schnell zusammenbrechen. Die Sequenzanalyse dient also gerade nicht dazu, sich an den Gegenstand anzuschmiegen, sondern die Sequenzanalyse ist nur ein Verfahren zur Zerstörung der gesamten sozialen Vorurteile der Interpreten – auch wenn dies nicht immer gelingt. Ist die Perspektivik mittels Sequenzanalyse einmal zerstört, entwirft der Forscher Schritt für Schritt Aussagen zu dem untersuchten Gegenstandsbereich und prüft, ob sie sich sukzessiv zu einer Sinnfigur verdichten lassen.

Die Sequenzanalyse ist unpraktisch und verlässt damit den Bereich alltagsweltlicher Interpretation. Sie führt durch ihre Zerstörung der *Common-Sense*-Gewissheiten von Alltag und Wissenschaft den Interpreten jedoch nicht in einen Raum von a-historischen, quasi universellen Bedeutungen, über den jeder im Prinzip verfügt – sie befreit den Interpreten ebenso wenig von seiner Kultur. Sie macht den Interpreten nur seiner Kultur fremd. Dennoch bleibt er Teil seiner Kultur. Nur hat der Interpret deren Selbstverständlichkeit für eine bestimmte Zeit ausgesetzt. Und der Blick wird frei für den ‚Sinn‘ der Selbstverständlichkeiten. Insofern überschreitet diese Art der Deutung systematisch den Inhalt des Alltäglichen, kann sich jedoch grundsätzlich nicht von den Deutungspraktiken des Alltags lösen.

3.3 Das methodische Vorgehen

Methodisch verfolgt eine hermeneutische Wissenssoziologie *idealtypisch* folgenden Weg. In der konkreten Forschungspraxis fließen die einzelnen Phasen oft ineinander. In der Anfangsphase wird das digital fixierte audio-visuelle Datenmaterial in etwa folgender Weise für die Analyse aufbereitet. Wenn technisch möglich, sollte der Videoausschnitt immer als Ganzes zur Verfügung stehen (siehe hierzu die Filmprotokollierungen von Gesche Joost auf der beiliegenden DVD):

1. Einzelne Bilder des Videos werden offen kodiert, um zu ermitteln, welche Kategorien und Elemente das Notationssystem erfassen soll.
2. Es wird ein sekundengenaues Protokoll der verschiedenen Einstellungen *(takes)* erstellt.

3. Durch Sichtung der *takes* werden zusammenhängende *Handlungszüge (moves)* der Kamera ermittelt. Diese Handlungszüge sind die zentralen Analyseeinheiten. Die ‚Feinheit' dieser Analyseeinheiten richtet sich nach der Fragestellung des Projekts.

4. Parallel dazu werden auf einer Partitur alle wesentlichen, also alle handlungsrelevanten Teile und Elemente der Kamerahandlung in beschreibender oder kodierter Form abgetragen.

5. Auf einer Partitur werden parallel dazu alle wesentlichen, also alle handlungsrelevanten Teile und Elemente der Handlung vor der Kamera in beschreibender oder kodierter Form abgetragen.

Die so entwickelte Gesamtpartitur enthält also (neben dem Bild in der obersten Linie) eine nach den bestimmten Relevanzkriterien sprachlich oder zeichenhaft kodierte und somit auch fixierte Version des beobachteten Videos. Sie ist ein formalisiertes Protokoll dieser Beobachtung. Die Relevanzkriterien variieren dabei mit der Forschungsfrage und sie können und sollten während der Forschungsarbeiten überprüft und gegebenenfalls weiter entwickelt werden. Neben dieser Partitur gehört auch das Video zu dem auszuwertenden Datenmaterial. Es ist immer der letzte Bezugspunkt der Deutung, der zu Rate gezogen wird, wenn eine Notation unklar ist. Grundlage der Deutung ist also nicht die erstellte Partitur, sondern es gibt immer zwei Daten: die Partitur *und* das Video.

Das vom Betrachter erstellte Protokoll enthält nur zum Teil das Protokoll einer Bildbeobachtung, es dokumentiert auch den Akt des wissenschaftlichen Sehens, also die Handlung des Deutens und Sequenzierens. Der Deutungsakt gerinnt zu geregelten Wörtern und Sätzen, die in dieser Form für die Analyse und den Diskurs bereit sind, und in dieser Form auch immer wieder für andere bereit stehen. Insofern muss die Deutung von audio-visuellen Daten – ganz im Sinne einer wissenssoziologischen Hermeneutik – immer auch die Deutung der Akte des Deutens beinhalten (siehe vor allem Soeffner 2004).

Die hier vertretene hermeneutische Wissenssoziologie betrachtet die vom Beobachter erstellte Filmpartitur als eine Art Feldprotokoll. Dieses kann entlang verschiedener Relevanzpunkte interpretiert werden (siehe auch Reichertz 2000). Dazu gehört auch, dass während der Interpretation, wenn etwas unklar ist, immer wieder neu das Bild, bzw. das Video unter einer bestimmten Aufgabenstellung ‚befragt' und neu verschriftlicht bzw. die Partitur ergänzt wird *(theoretical sampling)*. Die Erstellung einer Videopartitur ist also nicht nur ein Akt der Ummünzung des Bildlichen ins Sprachliche und Symbolische, sondern immer zugleich ein Akt der Ausdeutung. Fixierung und Interpretation sind untrennbar miteinander verwoben. *Deshalb ist die Erstellung einer Partitur erst am Ende, wenn die Deutung am Ende ist.*

Demnach werden Beobachtungspartituren und das Video in einem gerichteten hermeneutischen (und auch selbstreflexiven) Deutungsprozess in mehreren Phasen so lange gedeutet und erneut kodiert, bis am Ende eine Deutungsfigur ermittelt wird, die alle Elemente der Beobachtung des Videos und der Partitur zu einem bedeutungsvollen Ganzen integriert.

Der Prozess der Datenauslegung folgt dabei folgender Logik: Die erstellte Partitur des zu untersuchenden Videos wird im ersten Schritt der Dateninterpretation ‚offen kodiert', will sagen: Das Dokument wird als Protokoll von Handlungen extensiv und genau analysiert. Entscheidend in dieser Phase ist, dass man noch keine (bereits bekannte) Bedeutungsfigur an diePartitur heranführt, sondern mit Hilfe der Partitur und des Videos möglichst viele, mit Partitur und Video kompatible Lesarten konstruiert. Diese Art der Interpretation nötigt den Interpreten, sowohl die Daten als auch seine (theoretischen Vor-)Urteile immer wieder aufzubrechen, was ein gutes Klima für das Finden neuer Lesarten schafft.

In der Phase des offenen Kodierens sucht man nach größeren Sinneinheiten für das Handeln vor der Kamera und die Kamerahandlung, die natürlich immer schon theoretische Konzepte beinhalten bzw. mit diesen spielen und auf sie verweisen. Hat man solche gefunden, sucht man in der nächsten Phase der Interpretation nach höher aggregierten Sinneinheiten und Begrifflichkeiten, welche die einzelnen Teileinheiten verbinden. Außerdem lassen sich jetzt im Sinne eines ‚theoretical sampling' (Strauss 1994) gute Gründe angeben, weshalb man welche Bilddaten neu bzw. genauer nacherheben sollte. Man erstellt also neue Beobachtungsprotokolle, wenn auch gezielter. So kontrolliert die Interpretation die Datenerhebung, aber zugleich, und das ist sehr viel bedeutsamer, wird die Interpretation durch die nacherhobenen Daten falsifiziert, modifiziert, erweitert oder bestätigt.

Am Ende ist man angekommen, wenn ein hochaggregiertes Konzept, eine Sinnfigur gefunden bzw. mit Hilfe des Protokolls und des Videos konstruiert wurde, das alle Elemente zu einem sinnmachenden Ganzen integriert und im Rahmen einer bestimmten Interaktionsgemeinschaft verständlich macht. Die Validität der auf diese Weise gewonnenen Ergebnisse resultiert zum einen aus der Nachvollziehbarkeit der Dateninterpretation und zum anderen aus der methodisch kontrollierten Verbindung von Fragestellung, Fall, Datenerhebung und Datenauswertung.

3.4 Wie sollte eine gute Videopartitur aussehen?

In den letzten Jahren gab es eine Reihe von Publikationen, in denen die Möglichkeiten der angemessenen Videotranskription und Videoanalyse erörtert und auch verschiedene (vor allem computergestützte) Systeme vorgestellt wurden (so z. B. Joost 2008; Korte, Faulstich 1991; Bohnsack 2009, sehr hilfreich: Moritz 2010[9]). Die wichtigsten *Notationsprogramme*, die zur Zeit auf dem Markt sind, heißen: Notationsprotokoll von Gesche Joost, syncWRITER von Thomas Hanke, Moviscript von Stefan Hampl, MoViQ von Helmut Ludwig, EXMARalDA TASX von der Universität Hamburg, SFB Z2, CAFAS von Werner Faulstich und Holger Poggel, ANVIL Annotation of Video and Spoken Language von Paul Boersma und David Weenink an der Universität Amsterdam und Annotation Graph Toolkit (AGTK).

Aktuelle Programme für die *Analyse* von Videos sind: Atlas.ti von Thomas Muhr, TU Berlin, Videograph von Beate Nienaber und Sylvia Pauleikhoff, AKIRA von Rolf Klöpfer, MaxQDA von Verbi Software, Coder – Digital Video Coding von Adam Feil von der University of Illionis, die Feldpartitur von Christine Moritz, ELAN vom Max Planck Institute for Psycholinguistics der Universität Nijmegen, Videana von Dr. Ralph Ewert von der Universität Marburg, Observer von der Noldus Information Technology (USA/NL), CEVA von Andy Cockburn, Tony Dale, Department of Computer Science von der University of Canterbury, New Zealand und Interact von der Mangold International GmbH (einen Überblick über die Leistungen der einzelnen Programme liefert Moritz 2010).

Die Mehrzahl dieser Programme ist bereits sehr ausgefeilt. Dennoch ist die Lage noch recht unübersichtlich und einheitliche Standards sind noch in weiter Ferne. Dies ist gewiss auch so, weil die jeweiligen Notationssysteme sich aus einer bestimmten Fachperspektive und sich daraus ergebenden Relevanzen ergeben haben. Deshalb müssen sie auf die jeweilige Fragestellung angepasst werden oder wie Mead zu Recht formuliert: „Das Ausmaß, das die Analyse annimmt, hängt von den Erfordernissen des Problems ab" (Mead 1983: 321). Jede Untersuchung benötigt ihre eigene Schärfentiefe. Für unsere Videoanalyse halten wir folgende Fähigkeiten des Notationssystems für wichtig:

1. Die Notation von Videosequenzen sollte grundsätzlich in der Partiturschreibweise erfolgen.

2. Neben der Videopartitur kommt bei der Deutung dem Video eine zentrale Bedeutung zu. Dies bedeutet, dass das Video in der Partitur nicht nur als einzelnes *still*, sondern auch als laufendes Bild bei der Analyse stets verfügbar sein sollte. Angesichts der neuen Möglichkeiten der digitalen Bildaufzeichnung könnte man u. E. bei der Auswertung und auch bei der Ergebnispräsentation sehr gut mit digitalisierten Bildsequenzen arbeiten.

---

[9] Ganz herzlich möchten wir Christine Moritz danken, die uns ihre noch unveröffentlichte Arbeit über Notationssysteme von Videos überließ und der/denen wir viel verdanken.

3. Die Erstellung der Partitur ist nicht allein Datenfixierung, sondern immer auch Datenanalyse. Deshalb sollte eine Partitur immer ein Arbeitsmittel sein, das nicht nur eine Notation erlaubt, sondern immer auch eine Deutungsarbeit ermöglicht und erleichtert. Die Partitur sollte also in und aufgrund der Arbeit erweiterbar sein.

4. Da bei unserer Interpretation die *moves* die kleinsten Sinneinheiten sind, sollte das Notationssystem in der Lage sein, *moves* auch als solche zu erheben und zu symbolisieren. Ein Notationsverfahren sollte also *move* für *move* protokollieren und nicht mehr Bild für Bild. Auf der Ebene der Kamerahandlung können diese *moves* auch größere Handlungszüge sein.

5. Partituren sollten immer *Bedeutungseinheiten* erfassen. Die Leitwährung dieser Bedeutungseinheiten ist die bedeutungsvolle Sprache. Eine Codierung von Bildern mit Hilfe von rein deskriptiven Protokollsätzen, die sich scheinbar jeder Sinnschließung enthalten (z. B. Akteur A. macht eine vertikale Mikrobewegung mit dem linken oberen *musculus rectus superior*) zum einen grundsätzlich nicht möglich (wie schon die Debatten um den Wiener Kreis gezeigt haben) und zum anderen ist sie völlig unübersichtlich und hilft bei der Interpretation nicht weiter. Gleiches gilt für die Notation mit Hilfe von einer Fülle vorab genau definierter Ikons. Eine solche Notation bringt nämlich nicht nur bei der Präsentation von Untersuchungsergebnissen Probleme mit sich, sondern auch bei der Analyse der Daten selbst, da die Bedeutung der Bilder sich im Dickicht der Zeichen verliert. Statt des Bildes hat man nun eine formelhafte Repräsentation des Bildes, wobei in der Interpretation die Formeln wieder in sprachliche Bedeutung rückübersetzt werden müssen, da die Formeln immer nur Kürzel für sprachliche Formulierungen sind.

U. E. wird in den nächsten Jahren ernsthaft zu diskutieren sein, wie weit man die Verschriftlichung von audio-visuellem Material treiben kann oder zugespitzt: treiben darf. Gegen die Forderung zur vollständigen Verschriftlichung spricht nicht nur, dass die möglichst exakte schriftliche Fixierung bzw. Codierung audiovisueller Daten schon allein wegen der Vielzahl parallel ablaufender *moves* nie zu Ende kommen kann und auch zugleich zu fast sinnleeren ‚Protokollsätzen‘ führt, sondern auch, dass die Bedeutungsfülle des Audio-visuellen unwiederbringlich verloren geht. Was wie intensiv von den Bildern in Sprache gefasst werden soll, hängt jedoch ganz wesentlich von der Fragestellung ab: Es versteht sich von selbst, dass man die Erfassung der Ausdrucksformen von Gemütsbewegungen ganz anders versprachlichen muss (siehe hierzu: Ekman 2007 und sein Facial Action Coding System (FACS)) als die Bestimmung der narrativen Strukturen in Videos. Es gilt also auch hier: So wenig wie nötig.

3.5 HANOS – Das Notationssystem für unsere Videoanalyse

Die für eine Analyse relevanten Analysekriterien und Kategorien ergeben sich in der Regel erst während der Interpretation. Man beginnt damit, dass man zu Beginn tentativ Kriterien und Kategorien, die sich bei früheren und ähnlichen Analyse als hilfreich erwiesen haben, erneut anwendet und prüft, ob sie sich am Analysematerial bewähren – was bedeutet, dass man sie darauf hin betrachtet, ob sie für die Bedeutungsaufschließung fruchtbar sind. Sind sie das nicht bzw. nicht hinreichend, entwickelt man am Material neue und differenziert bzw. modifiziert sein Notationssystem. In unserem Fall hat sich ein System auf diese Weise ergeben, das vor allem das Handeln der Akteure in den Blick nimmt. Deshalb haben wir es HANOS (= HAndlungsorientiertesNOtationsSystem) genannt.

Wesentlich ist bei diesem System, dass wir die Handlung der Kamera in den Vordergrund gestellt haben und entsprechend räumen wir der Notation der Kamerahandlung sehr viel Platz ein. Später erfolgt dann erst die Notation der Handlung vor der Kamera. Hier haben wir uns wesentlich von der dramatologischen Perspektive Goffmans auf soziale Begegnungen inspirieren lassen (vgl. Goffman 2008).

		Stand/Handkamera	Fest/bewegt
KAMERAHANDLUNG	Handelnde Kamera (Was macht die Technik der Kamera während der Produktion mit dem Geschehen vor der Kamera?)	Kadrierung	Wie ist das Bild aufgebaut? Vorn/Hinten/Mitte
		Einstellung	Überblick, amerikanisch, close
		Schärfentiefe	Was ist scharf, was nicht?
		Perspektive	Augenhöhe, Frosch-, Vogelperspektive
		Autonom?	Folgt die Kamera den Bewegungen der Akteure oder geht sie eigene Wege autonom?
		Tempo	Langsame Bewegungen oder schnelle?
		Farbe	Farbig oder schwarz/weiß?
	Kommentierende Kamera (Wie kommentiert der korporierte Akteur in der Postproduktion das Geschehen?)	Voice over	Was spricht die Kamera wie?
		Stimme aus dem Off	Ist eine Stimme während der Aufnahme aus dem Off zu hören?
		Was ist mit Verfremdungen	Wird etwas verfremdet?
		Musik/Geräusch	Gibt es Musik oder Geräusche von der Kamera?
		Grafik	Ist Grafik eingefügt?
		Text	Ist Text ins Bild eingefügt?
	Montierende Kamera (Wie werden die takes in der Postproduktion zu einer Sequenz zusammengefügt?)	Schnitt	Harter Schnitt/Überblendung
		Zeitlupe/Raffer	Sind Zeitlupe oder Zeitraffer vorhanden?

HANDLUNG VOR KAMERA	Bühne	Ort
		Zeit
	Requisiten	Zum Ort
		Zur Person: Geschlecht, Alter, Aussehen, Kleidung
	Akteure	Sozialer Typus: Polizist etc.
		Handlungstyp: Bedächtig, hektisch
		Nonverbal. Botschaft: verärgert
	Symbolische Interaktion	Sprechen: Was sagen die Akteure?
		Gestik: Was bedeuten die Gesten?
		Mimik: was bedeutet die Mimik?
	Handeln	Was: Was wird wie mit wem getan?
		Sinn: Subjektiver Sinn

3.6 Der Bedeutungsbegriff einer hermeneutischen Wissenssoziologie

Eine Interpretation von audiovisuellen Daten aller Art mit Hilfe der hermeneutischen Wissenssoziologie zielt (wie oben gesagt) auf die Findung der gesellschaftlichen Bedeutung von (kommunikativen) Handlungen ab. Der Ausdruck ‚gesellschaftlich' ergibt sich nun daraus, dass es allein um die Bedeutung geht, welche durch eine Handlung innerhalb einer bestimmten Interaktionsgemeinschaft, betrachtet man sie aus der Perspektive des ‚generalisierten Anderen' der jeweiligen Interaktionsgemeinschaft (also nicht aus der Perspektive des konkreten Akteurs), erzeugt wird (vgl. Mead 1983). Ein solcher Bedeutungsbegriff löst sich völlig von der Akteursintention, also dem vom Akteur subjektiv oder ‚innen' Gemeinten.

Alle Sozialwissenschaftler gehen unseres Wissens nach davon aus, dass alles symbolgebundene Handeln (und dazu zählen auch Bilder jeder Art), also Kommunikation, für andere Menschen Bedeutung besitzt. Diese Bedeutung wird (und auch da sind sich wohl die meisten Sozialwissenschaftler einig) in der Regel konstituiert durch spezifische Verfahren und Regeln, die Ausdruck der Grammatik, Semantik und vor allem der Pragmatik einer Sprach- und Interaktionsgemeinschaft sind. *Grammatik* meint hier die manchmal mehr, manchmal weniger kodifizierten Regeln der Verknüpfung von Zeichen, die auf Bedeutungseinheiten verweisen, *Semantik* die Verweisungen auf den gesellschaftlich geschaffenen Raum von Bedeutungseinheiten und den dadurch eröffneten Raum logischer, legaler und legitimer Gründe. *Pragmatik* meint dagegen (durchaus im Sinne Brandoms) das Geflecht von Unterstellungen, Erwartungen und Verpflichtungen, das sich in einer spezifischen Gesellschaft aus Handlungen mehr oder weniger verbindlich ergibt (vgl. Brandom 2001, auch Habermas 1999: 138 ff.).

Die Bedeutung einer gestalterischen Handlung ist somit nicht über eine irgendwie geartete Semantik bestimmbar, sondern konstituiert sich wesentlich über die (vom Sprecher aufgrund seiner Erfahrung mit der Interaktionsgemeinschaft erwartbaren) sozialen Folgen, also über die Pragmatik. Zwar greift der Sprecher bei der ‚Planung' seiner Sprechhandlung auf frühere Erfahrungen zurück, also auf Formen, die früher einmal erfolgreich waren, realisiert und ratifiziert wird jede sprachliche Bedeutung aber erst durch die Antwort-Handlung: Eine (sprachliche) bestimmte Handlung bedeutet in einer bestimmten Interaktionsgemeinschaft also, dass einerseits der Sprecher anderen Erwartungen anträgt, aber auch, dass andere berechtigt sind, an den Handelnden bestimmte Ansprüche zu stellen. Oder anders: Weil man weiß oder doch zu wissen glaubt, was eine Sprechhandlung in einer bestimmten Interaktionsgemeinschaft nach sich zieht, handelt man so, wie man handelt.

Die Grammatik, Semantik und Pragmatik einer Gruppe sind sozial erarbeitet und sozial verbürgt bzw. werden sozial sanktioniert und bilden einen gewichtigen Teil der Kultur einer Gruppe. Diese Kultur wird durch die Gruppe und speziell dafür eingerichtete Institutionen an neue Mitglieder weitergegeben. Durch jede Handlung, also durch jeden Gebrauch, wird die Grammatik, Semantik und Pragmatik einer Gruppe nicht nur aufgerufen, sondern auch bestätigt und fortgeschrieben (Dynamik der Sprache).

Wissenschaftliches Deuten beruht auf der Prämisse, dass eine Bedeutungs*rekonstruktion* nur dann gelingen kann, wenn der Interpret hinreichend an der Kultur der Bedeutungs*produktion* teilhat, also auf der Unterstellung von der teilweisen oder vollständigen Einheit der Kultur von Interpreten und Interpretierten[10]. Damit ist auch, aber nicht nur (noch nicht einmal hauptsächlich) die Unterstellung gemeint, dass der Interpret die Kultur des Interpretierten teilt (dass sie also eine gemeinsame Kultur haben), sondern vor allem die meist (wider besseres Wissen) gehegte Hoffnung, die Bedeutungsgrenzen sprachlicher Handlungen mit den Sprachgrenzen gleichzusetzen: Also die Hoffnung, dass der Mythos von der kulturellen Identität mehr als ein Mythos ist, dass also sprachliche und nichtsprachliche Handlungen in der gesamten Sprach- und Interaktionsgemeinschaft (an jedem Ort, in jeder Schicht, in jedem Alter) das Gleiche bedeuten. Die implizite These von der Einheit der Kultur ist das Fundament, auf dem jede Interpretation ruht. Gerät sie ins Wanken, verlieren auch wissenschaftliche Interpretationen ihren Halt.

---

[10] Eine besonders scharfe, hinsichtlich ihres Geltungsanspruches allerdings völlig überzogene Formulierung dieser Unterstellung findet sich bei einem jüngeren Vertreter der objektiven Hermeneutik: „Die *Verbindlichkeit* der Textinterpretation gründet sich auf die *Regelgeleitetheit* sozialen Handelns. Der Geltungsanspruch, den die objektiv hermeneutische Bedeutungsexplikation erhebt, stützt sich auf die Inanspruchnahme geltender Regeln. *Soziales Handeln konstituiert sich entlang dieser Regeln und die Interpretation der Protokolle dieses Handelns erfolgt unter Rückgriff auf unser Regelwissen*" (Wernet 2000: 13).

Nur weil der Interpret selbst über diese Verfahren und Regeln verfügt, sie in sich aufrufen und auch die Angemessenheit von Bedeutungsproduktionen beurteilen kann, kann er auch deren gesellschaftliche Bedeutung erkennen, festhalten und niederschreiben. Fraglos kann dies nur im Hinblick auf die *soziale* Grammatik, Semantik und Pragmatik von (Sprach-)Handlungen gelingen. Nie kann man und (so weit wir das sehen) will auch niemand ernsthaft die *individuelle* Grammatik, Semantik und Pragmatik (sofern es sie überhaupt gibt bzw. geben kann), erfassen – sie wären auch für das soziale Handeln ohne Belang.

Die Interpretationskompetenz resultiert in dieser Sicht aus der hinreichenden Einheit der Kultur von Forscher und Beforschtem – eine Einheit, die durchaus fraglich ist, wie uns – um nur ein paar zu nennen – die Historiker, die Ethnologen, die Kulturwissenschaftler und nicht zuletzt auch die Wissenssoziologen lehren. Es ist weder überraschend noch besonders neu, dass sich Sozialwissenschaftler, wenn sie die Arbeit des Deutens beginnen, auf die Kultur einer Sprach- und Interaktionsgemeinschaft aus der Sicht des ‚man', des ‚Dritten' oder in den Worten von Mead aus der Sicht des ‚generalisierten Anderen' beziehen (müssen): Was bedeutet es, also welche Folgen hat es (so die typischen Interpretenfragen), wenn ‚man' in einer bestimmten Gesellschaft in einer bestimmten Situation in einer bestimmten Weise sprachlich oder nichtsprachlich in der gegebenen Weise handelt, und was versteht *‚man'* darunter bzw. wie würde jedes *sprachbegabte* und *vernünftige* Mitglied dieser Gesellschaft darauf reagieren?

Oft übersieht der Forscher dabei allerdings, dass die Rede von der Deutung aus der Perspektive des ‚generalisierten Anderen' eine euphemistische und unsoziologische Formulierung dafür ist, dass etwas eine vorherrschende bzw. eine herrschende Lesart von (Sprach-)Handlungen ist, zu der es in bestimmten Untergruppen der Gesellschaft auch eine Fülle (so würde Stuart Hall es ausdrücken) subversiver und auch gleich wirkmächtiger Lesarten gibt (vgl. Hall 1999). Kultur bildet in dieser Sicht der Dinge keine Einheit (z. B. Burke 1998: 247 ff. und Geertz 2000: 218 ff.), folglich auch keine Einheit, an der ein Wissenschaftler teilhaben kann, sondern stattdessen eine Vielfalt, die lediglich wegen diverser ‚Familienähnlichkeiten' (Wittgenstein 1971: 57) für einheitlich gehalten wird.

Um nicht missverstanden zu werden: Keineswegs soll hier behauptet werden, sozialwissenschaftliches Deuten sei unmöglich, wir wollen nur sagen, dass man beim Interpretieren wie beim Auspacken von altem, wertvollem Porzellan vorgehen sollte: Mit großer Vorsicht und noch größerem Feingefühl.

3.7 Deuten bedeutetimplizites Wissen explizit machen

Auch wenn Deuten eine Kunstlehre ist und keine Technik, also immer einzelfallspezifisch vorgeht und nicht komplett operationalisierbar ist, so ist sie doch nicht

Künstlern oder Experten vorbehalten, sondern Deuten ist eine basale Fähigkeit, über die alle Menschen verfügen und die im Alltag immer wieder und immer wieder problemlos verfügen. Wissenschaftliche Deutungslehren, also die Hermeneutiken, sind allesamt Systematisierungen dieser Fähigkeit, über die jeder verfügt. Deuten besteht also nicht aus einer Art hermeneutischer Super-Logik, also einer Art forcierter Interpretationskunst, sondern Deutungen sind aus logischer Sicht meist qualitative Induktionen, Deduktionen und nur manchmal auch Abduktionen. Aber auch letztere sind keine Kunst.

Im Kern besteht jede Deutung darin, dass man etwas, das dem aktuellen expliziten menschlichen Ausdruck eingelassen ist, deutlich(er) macht – kurz: Das Implizite des Gezeigten expliziert. *Deuten heißt explizit machen* (siehe auch Brandom 2000, siehe dazu auch Mead 1983: 296 ff.). Weil Deuten immer darin besteht, etwas Implizites explizit machen, beruht Deutung immer auf Wissen, über das der Deuter bereits verfügen muss. Deshalb gilt auch: Wer nichts weiß, kann nicht interpretieren, und derjenige, der wenig weiß, wird wenig explizit machen können. Die Fähigkeit zur Deutung wird also nicht maßgeblich von der Fähigkeit vom logischen Denken bestimmt (das wird sie nur ganz wenig), sondern vom Wissen, über das der Deuter aufgrund seiner Ausbildung und Sozialisation verfügt. Es spricht im Übrigen nichts dagegen, dass man dieses Wissen während der Analyse systematisch vergrößert, dass man also auch das Internet nutzt, sich über ‚Dinge‘ zu informieren, die in den Daten auftauchen. Zeigen die zu untersuchenden Bilder z. B. die Stadt Halle, dann macht es durchaus Sinn, das Netz einmal nach Wissen über Halle zu durchsuchen. Denn nichts spricht dafür, dass nur das jeweils eher zufällig vorhandene Wissen der jeweiligen Interpreten ‚am Tisch‘ geeignet sein sollte, menschliche Kommunikation und Interaktion hermeneutisch zu deuten – außer man ist der Ansicht, dass jeder Interpret schon immer über all das Wissen verfügt, das er für eine Deutung benötigt. Für diese Ansicht fehlen jedoch die guten Gründe.

Sehr viel mehr spricht dafür, all das Wissen zu nutzen, was am Interpretationstisch verfügbar ist. Deshalb sollten die hermeneutischen Interpretationen auch immer in einer Gruppe stattfinden. Zum einen, weil nur die Gruppe die Güte der Deutung bewerten, evaluieren kann. Denn nur in der Gruppe kann ein echter Kampf um die Akzeptanz der besten Lesart stattfinden. Mit sich selbst verschiedene Lesarten zu diskutieren, gleicht dem Vorhaben, mit sich selbst Schach zu spielen. Zum Zweiten ist die Gruppe vonnöten, weil das Wissen der Gruppenmitglieder das Deutungswissen der Gruppe vermehrt – aber dennoch nie vervollständigt. Der Vorschlag, den wir hier unterbreiten lautet, auch das Netz als Mitglied in die Gruppe der Interpreten aufzunehmen. Das Netz und seine umfangreichste Suchmaschine *google* säßen dann immer als stille, aber stets präsente Interpreten mit am Tisch. Natürlich verfügen das Internet und *google* nicht über die alltäglich verfügbare Fähigkeit des Deutens, aber beide sind hilfreich, um implizites Wissen abzurufen, wenn die anderen Deuter wissen, welches Wissen gerade benötigt wird. Ein bisschen überspitzt, aber im Kern zutreffend, könnte man solchen, die Körper- und Bewusstseingrenzen erweiternden Deutungsgruppen ein *extended mind* (Clark & Chalmers 1998: 7) zusprechen.

Da vielfältiges Wissen so bedeutsam für die Ausdeutung von Daten ist, bilden folgenden Bedingungen eine gutes Klima für gute Deutungen: (a) ein vielfältiges Wissen von der (sozialen) Welt, (b) die Fähigkeit, sich vielfältiges Wissen noch während der Deutung anzueignen, (c) die Einsicht, dass die eigene Kultur nur eine Realisierung aller möglichen Kulturen ist und (d) die Erfahrung, zwischen verschiedenen Kulturen zu leben *(marginal man)*. Interpreten, die ihre eigene Welt für die einzig sinnvolle Welt halten, werden bei der Deutung Anderer wenig Sinnvolles entdecken.

Bei der Deutung gibt es nun verschiedene Wissenssorten zu unterscheiden. Manchmal, also nicht immer, ist es nützlich, diese Wissenssorten in der Deutung systematisch abzuarbeiten. Fast alles Wissen, das wir beim Deuten verwenden, ist sozialen Ursprungs. Nur begrenzt sozialen Ursprungs ist das Wissen um die Bedeutung basaler Gesichts- und Körperausdrücke und Intonationsmuster. Auch wenn das übrige deutungsrelevante Wissen sozialen Ursprungs ist, bedeutet das nicht, dass alles im festen Griff des Bewusstseins ist. Viel Wissen, das einmal bewusst war und dann routinisiert wurde, ist unter die Bewusstseinsschwelle abgesunken, anderes war nie bewusst und wurde durch die Teilhabe an sozialen Praktiken erworben und inkorporiert. All dies Wissen kann man entweder reflexiv wieder heben oder aber in der Praxis der Deutung einsetzen.

Bei den verschiedenen Wissenssorten gibt es erst einmal das *Weltwissen*. Es sagt uns, dass Trambahnen in der Regel aus Metall oder gar Stahl sind, dass es zu üblen Verletzungen führt, wenn man sich ihnen in den Weg stellt, dass sie sich erst dann bewegen können, wenn der Motor in Ordnung ist und Treibstoff oder Strom zugeführt wird. Zu diesem Weltwissen gehört auch, dass die Trambahn sich in einem Raum-Zeit-Kontinuum bewegt, das durch physikalische Gesetze bestimmt ist. Die Zeit springt nicht und der Raum hat keine Löcher – zumindest solange wir uns mit mäßiger Geschwindigkeit bewegen.

Zu diesem Weltwissen gehört zudem – auch wenn es eine eigene Untergruppe bildet – das Wissen, dass Trambahnen (auch Straßenbahnen genannt) eine Erfindung des 19. Jahrhunderts sind und auch heute noch in Städten eingesetzt werden, um dort die lokale Mobilität über Tage zu gewährleisten. In Trambahnen gibt es (so wissen wir) Sitz- und Stehplätze, und wer mitfahren will, der muss einen festen Preis bezahlen. Zu diesem Wissen gehört auch, dass die Trambahn einen Fahrer benötigt und da es seit den 1970er Jahren in Deutschland die Schaffner abgeschafft sind, es dort immer wieder Kontrolleure gibt, die an einer Station einsteigen und während der Fahrt zwischen zwei Stationen die Fahrgäste danach fragen, ob sie einen gültigen Fahrschein haben oder nicht. Zu diesem Wissen gehört aber auch, dass Trambahnen meist der Stadt gehören und die Bahn selbst und das Personal (direkt oder indirekt) aus der Stadtkasse bezahlt werden, dass die Städte wie die Länder und der Bund über Steuern finanziert werden, die alle BürgerInnen zu zahlen haben, dass die politischen Vertreter über Wahlen ermittelt werden und dass es in anderen Ländern anders geregelt ist. Vieles von diesem Wissen ist uns klar, anderes diffus, vieles wissen wir gar nicht.

Die zweite Gruppe des Wissens, die es bei der Deutung zu beachten gilt, ist das Wissen um die *Regeln und Praktiken der Interaktion und Kommunikation*. Zu diesem Wissen gehört erst einmal das gesamte Wissen über die Grammatik, Semantik und Pragmatik von Interaktionen und Kommunikationen. Wir wissen, was es bedeutet, wenn uns jemand etwas mit der ausgestreckten Hand zeigt, wir wissen, dass das Wort ‚Stuhl' keinen Sessel bezeichnet, wir wissen, dass mit den Augen zu zwinkern eine kokette Form der Kontaktaufnahme sein kann, wir wissen, was es bedeutet, wenn uns jemand um etwas bittet, wir wissen, welche Folge es hat, der Bitte nicht zu entsprechen. Wir wissen auch, dass man mit Worten jemanden herabsetzen oder emporheben kann und dass nicht jeder die gleiche Macht in der Kommunikation hat.

Zu diesem Wissen über Regeln und Praktiken der Interaktion und Kommunikation gehört zudem, auch wenn es eine spezielle Untergruppe darstellt, das Wissen darum, dass es bestimmte kommunikative Gattungen gibt und dass in diesen Gattungen bestimmte Regeln das Geschehen beeinflussen. Wir wissen z. B., dass Kontrolleure, wenn sie einen Fahrgast ansprechen, nicht erst „Guten Tag, Frau X" sagen müssen, sondern durchaus ihre Kontrolltätigkeit mit den Worten: „Ihre Fahrscheine" beginnen können und ihr Eingreifen auch ohne Verabschiedung, so z. B. „Dann noch einen schönen Tag. Tut mit leid, dass ich Sie gestört habe" beenden können, ohne als unhöflich zu gelten. Dieses Wissen um die Normalität von Kommunikationen und die in ihnen herrschenden Maxime (vgl. hierzu ausdrücklich: Grice 1993) unterscheidet sich wesentlich von dem übrigen Wissen um die Welt. Grice hat die Implikationen, die aus ihnen resultieren, *Implikaturen* genannt.

Nur wer weiß, dass Menschen zu Beginn von Kommunikationen ritualisierte Begrüßungsfloskeln benutzen und dass „Guten Tag" eine solche ist, weiß, was die Worte bedeuten, welchen Ort und welche Folgen sie haben. Wer ohne dieses Wissen interpretiert, wird sich an dem ‚Guten Tag' die Zähne ausbeißen. Und nur wer weiß, dass mit den Worten „Guten Abend, meine Damen und Herren" meist ein anwesendes Publikum begrüßt wird, das in der Regel dann nicht kollektiv antwortet: „Guten Abend, Frau X", der wird das Fehlen der Erwiderung der Begrüßung nicht als gesichtsverletzenden Interaktionszug deuten. Und nur wer weiß, dass FernsehmoderatorenInnen meist zu Beginn ihrer Moderation „Guten Abend, meine Damen und Herren" sagen, wird wissen, dass die Zuschauer selbst dann wenn sie wollten, nicht antworten könnten. Und nur derjenige, der weiß, dass Fernsehzuschauer sich in deutschen Landen durch die fehlende Möglichkeit der Begrüßungserwiderung weder strukturell noch tatsächlich beleidigt fühlen, kann die Beziehung bestimmen, die Fernseh*persona* und Zuschauer in parasozialer Interaktion miteinander eingehen.

Aber nicht nur für die Interaktion und Kommunikation vor der Kamera gibt es Gattungen und dazu gehörige Praktiken, sondern auch für die Kamerahandlung. Die Kamera, die der Zuschauer nie wirklich sieht und das Bild, das der Zuschauer ebenfalls nicht wirklich sieht – außer er besucht die Archive und betrachtet Kamera wie Bildmaterial, kommuniziert in einer bestimmten, historisch gewachsenen Bildsprache und die Bedeutung der Bildsprache variiert mit der jeweiligen Gattung. Wenn eine Kamera uns eine Trambahn zeigt und die Bahn ist in der Mitte des Bildes und nicht am Rand, dann ist die Bahn nicht zufällig in der Mitte, sondern sie ist dort – und das wissen wir, weil die Maxime „Be relevant!" für uns auch und gerade im Film gilt[11] –, weil sie für das weitere Geschehen wichtig ist. Etwas in der Mitte, oben oder unten, am Rand oder klein oder groß zu zeigen, das bedeutet im Film etwas, nicht immer auch im Video, aber meist. Was es bedeutet wissen wir, weil wir an dieser Praxis, wenn auch oftmals nur als Zuschauer, teilhaben. Ohne dieses Wissen würden wir Bilder wie Landschaften betrachten, statt wie Parks.

---

[11] Ausgesprochen interessant wie wichtig wäre eine Untersuchung, ob alle Griceschen Konversationsmaxime auch für den Film und das Video gelten oder ob es besondere Regeln gibt und wie diese bei einer Auslegung zu berücksichtigen sind. Ebenfalls interessant wäre die Untersuchung der Frage, was das Watzlawicksche Axiom, dass man nicht nicht kommunizieren kann, für die Analyse der Kamerahandlung bedeutet.

4 Der Kontext des Videos: Die Sendung *24 Stunden Reportage*

Bei dem von uns analysierten Video handelt es sich um den digitalen Mitschnitt eines kleinen Teils der Fernsehsendung *24 Stunden Reportage*, die vom Privatsender *SAT.1* am 07.02.2010 ausgestrahlt wurde. Da Ausschnitte immer Teile eines Mosaiks sind, und das ganze Bild nur sichtbar wird, wenn man zumindest andeutungsweise alle Teile benennt, sollen, da es uns ja um das gesamte Bild geht, vor der Analyse des Einzelteils erst einmal die gesamten Sinneinheiten bzw. Handlungszüge der Sendung vorgestellt werden. Gewiss könnte man den Ausschnitt auch deuten, ohne den Produktions- und Ausstrahlungskontext zur Kenntnis genommen zu haben, und die objektive Hermeneutik favorisiert eine solche Vorgehensweise, aber dann ginge es um eine andere Frage als die, um die es hier geht.

Zur Erinnerung: Es soll in unserer Analyse vorrangig *nicht* um das Produkt, das Artefakt ‚Video' und die in ihm eingelassene (semantische) Bedeutung gehen, also um die (Re-)Konstruktion des Inhalts eines bestimmtes Videoausschnitts, sondern uns interessiert die Frage, *was das Video von dem Zuschauer will, was es im Schilde führt, wie es versucht, Kommunikationsmacht* (Reichertz 2009b) *aufzubauen und mit welchem Ziel es Kommunikationsmacht aufbaut.*

Die *24 Stunden Reportage* wird von dem Privatsender *SAT.1* nicht in Eigenproduktion hergestellt, sondern von einer externen Produktionsfirma produziert (laut einer schriftlichen Auskunft von *SAT.1*). Die Themenfindung und die Aufbereitung des Stoffes liegen oft zu hundert Prozent bei der externen Firma. Die *24 Stunden Reportage* wird seit der ersten Folge am 06. Januar 1993 wöchentlich bis zu zweimal ausgestrahlt. Die aktuellen wöchentlichen Sendetermine, also die im Zeitraum von 2009 bis 2010, sind dienstags und sonntags – jeweils von 23.30 Uhr bis 00.30 Uhr auf *SAT.1*. Dabei gilt die Sendung *24 Stunden* als ein Vorläufer der aktuellen *24 Stunden Reportage*. Beide Sendungen verfolgen allerdings die gleichen Ziele: „Das Leben schreibt oft die schrägsten Geschichten. Wir bringen sie auf den Schirm! Jede Woche neu! Näher dran geht kaum: „24 Stunden" zeigt Menschen, wie sie sind" (www.SAT.1.de 2010).[12]

---

[12] So begann auch die anfangs als einmalige Dokumentationssendung im Kontext von *24 Stunden* ausgestrahlte Folge über zwei Polizisten aus Bochum, welche heute mit einer eigenen Sendung als *Toto & Harry* bekannt sind.

Die behandelten Themen der ca. 900 Folgen sind dabei vielfältig: Von der Hundetherapie über Gerichtsvollzieher, Trambahnkontrolleure, Partyfieber auf Mallorca, Detektivarbeit, Zollkontrolle bis zu Sondereinsätzen der Polizei – es scheint, als gehe kein Thema an der Sendung *24 Stunden Reportage* vorbei. Ein Blick auf einen zweimonatigen Ausschnitt des Themenspektrums aus dem Jahr 2010 zeigt dessen Vielfältigkeit:

Datum	Thema
03.01.2010	Neue vom Ramschkönig - Luxusurlaub aber billig!
04.01.2010	Das Liebesschiff - Segeltörn Kurs Ehehafen
05.01.2010	Eure Pleite - unser Geschäft - Die Firmenbestatter
10.01.2010	Curry-Wurst war gestern! Fast Food Fighting
11.01.2010	Beißen - Kläffen - Ungehorsam - Mein Hund braucht Therapie
12.01.2010	Süß-Sauer auf Dauer - Unser Hochaus in Thailand
17.01.2010	112 - Die Feuerwehr - Arlam im Barmbek
19.01.2010	Nach uns die Müllflut - Mietnomaden auf der Flucht
24.01.2010	Piste mit Schuss - Der Chirurg wartet schon
25.01.2010	Zusammen sind wir zehn! Großfamilie sucht Wohnung
26.01.2010	Jede Menge Laster - Der Trucker-Clan gibt Gas
31.01.2010	Such & Schnüffel - Deutschlands Detektive
01.02.2010	Gastronomen im Wettstreit
02.02.2010	Erwischt - Im Netz der Fahnder
07.02.2010	Cops & Kontrolleure - Wir wachen über euch
08.02.2010	Die Unterhaltsfahnder
09.02.2010	Hau weg das Zeug! Kids im Vollrausch
14.02.2010	Dein Leben in meiner Hand
15.02.2010	Die Party-Fabrik: Feiern und Feiern lassen
16.02.2010	Ran an den Ramsch! Das Geschäft der Preisprofis
21.02.2010	Wahsinn Berlin - Heimat ist woanders
22.02.2010	Weg mit dem Speck - Abnehmen auf die harte Tour
23.02.2010	Lockruf der Reeperbahn - Die Anmacher vom Kiez
28.02.2010	Soko übernehmen Sie! Einsatz für die harten Jungs
07.03.2010	Töff-Töff-TÜV - Prüfer für Istanbul
08.03.2010	Raus aus dem Knast - Zurück in die Freiheit!
09.03.2010	Die Billigbauer - Viel Haus für wenig Geld
14.03.2010	Raus aus dem Knast - Zurück in die Freiheit!
21.03.2010	Was geschah wirklich? Die Tricks der Ermittler
23.03.2010	Wohnen und wüten - Jagd auf Mietschmarotzer
28.03.2010	Was geschah wirklich? Die Tricks der Ermittler

Auf der Homepage der Sendung fasst die Sendungsbeschreibung alle diese Themen unter der Kategorie „Alltag und mehr" (vgl. www.SAT.1.de 2010) zusammen. Die *24 Stunden Reportage*, welche durch ein bis drei Kamerateams erstellt wird, verfolgt das Ziel „[...] über einen kurzen, überschaubaren Zeitraum Menschen [in Deutschland] in alltäglichen oder außergewöhnlichen Situationen [zu beobachten]" (www.SAT.1.de 2010). Dabei werden die Erzählungen „[…] chronologisch montiert und mit sparsamen Texten versehen" (www.SAT.1.de 2010). Dabei steht nach eigenen Angaben des Senders nicht die Information, sondern die Unterhaltung im Vordergrund. Das lässt sich zumindest aufgrund des Internetauftritts schließen: „Die Redaktion von ‚24 Stunden' will vor allem eins: informativ, wahrhaftig, unaufgeregt und mit einem kleinen Augenzwinkern unterhalten" (www.SAT.1.de 2010)[13].

---

[13] Ein solches Tun wird von der eigenen Branche durchaus positiv bewertet. Unter anderem erhielt die Sendung den *Axel Springer-Nachwuchspreis* und den *Deutschen Fernsehpreis* (vgl. www.Sat.1.de 2010).

5 Die Videoanalyse

Videoanalysen zu lesen, ohne das Ausgangsmaterial (und zwar als Video!) gesehen zu haben, ist wenig fruchtbar – um es einmal vorsichtig zu formulieren. Hat man nur stehende Bilder zur Verfügung, dann weiß man als Leser/in zum einen nicht, was nun wirklich auf dem Video zu sehen ist, zum anderen kann man die Güte der Interpretation nicht beurteilen. Deshalb ist es zwingend, bei der Lektüre immer wieder das Video zu betrachten, anzuhalten und einzelne Einstellungen selbst zu analysieren. Das hier untersuchte Video kann deshalb auf der beiligenden DVD eingesehen werden[14]. Wir empfehlen, das etwa 2-minütige Video auf den eigenen Rechner herunter zu laden und während der Lektüre des Buches immer wieder aufzurufen.

Die folgende Beschreibung der von uns über mehrere Wochen hinweg durchgeführten Sequenzanalyse ist eine geordnete (und nach unserer Ansicht sinnvoll systematisierte) Darstellung einer Analyse und keine Dokumentation der wirklichen Analyse. Eine echte Dokumentation der Sequenzanalyse ist schon allein aus Rücksicht auf die begrenzte Lesezeit des Lesers nicht angeraten. Darüber hinaus spricht auch der zu erbringende Arbeitsaufwand dagegen. Aber es gibt auch Gründe, weshalb Sequenzanalysen prinzipiell nicht darstellbar sind. Die wollen wir im Folgenden darlegen.

5.1 Sequenzanalysen sind prinzipiell nicht darstellbar

Die konkrete Forschungspraxis ist das Eine, die spätere Darstellung dieser Praxis das Andere. Die konkrete Forschungspraxis beginnt, bevor die Daten erhoben und verschriftlicht wurden, sie verfolgt Pläne, Interessen, hat Randbedingungen, ist in die Biografie der ForscherInnen eingewoben und verfolgt auch in der Biografie (Karriere-)Pläne und persönliche Interessen. Das ist weder neu noch überraschend.

Hat man sich für bestimmte Daten entschieden und hat man bestimmte Methoden der Datenerhebung und Auswertung ausgewählt, dann stellt sich irgendwann die Frage, wie man denn jetzt genau vorgeht: Womit beginnen, wie

---

[14] Da auch der Raum im Netz Grenzen kennt, haben wir nicht die komplette Sendung der *24 Stunden Reportage* bereit gestellt, sondern nur die von uns untersuchte Sequenz von dem schwarz fahrenden Hund.

genau soll es sein, wer soll deuten, wie lange etc.? Wer redlich und in Überein-
stimmung mit den Professionsnormen forscht, wird dabei Zufall und Willkür
systematisch ausschalten wollen: Weder ist es dem Zufall überlassen, welche
Daten man erhebt, noch wie man sie auswertet. Für alles gibt es oder besser:
sollte es eine wissenschaftlich vertretbare Begründung geben. Deshalb wählt
man Daten aus der Menge des erhobenen Datenmaterials aus und lässt nicht das
Los entscheiden.

In der Forschungspraxis kennt man ,seine' Daten in gewisser Weise, einfach deshalb, weil man sie selbst erhoben hat und mit ihnen umgegangen ist, sie
also zur Kenntnis genommen, über sie diskutiert, sie aufbereitet hat. All dies
geschieht, bevor man die Daten systematisch auswertet. Vollkommende Unwissenheit über die Daten lässt sich nur erreichen, wenn man sie KollegenInnen zur
Verfügung stellt, die über das Projekt nichts wissen und auch vor der Analyse
nichts wissen wollen – was im Übrigen praktisch unmöglich ist.

Beginnt man aber im normalen Forschungsgeschäft mit der Arbeit der Datenanalyse, dann weiß man in der Regel schon eine ganze Menge. Gewiss kann
man bei der Analyse das störende Vorabwissen ein- und somit auch ausklammern
(also nicht das notwendige und produktive Wissen um die Welt und deren Bedeutung und das innere Kontextwissen). Was notwendigerweise immer passiert und
sich nicht ausmanövrieren lässt, ist der Umstand, dass die konkrete Datenanalyse
ein verschlungener, lang andauernder Prozess ist, der nicht der Logik einer Erzählung folgt, sondern sich eher eigendynamisch entwickelt und in immer neuen
Schleifen nach einem Ergebnis sucht. Dies ist manchmal erfolgreich, manchmal
nicht. Der Prozess wiederholt sich und wird so lange wiederholt und angepasst,
bis die beteiligten WissenschaftlerInnen der Ansicht sind, dass die Deutungen
mit guten Gründen zu den Daten passen. Diesen Prozess kann man nicht abbil-
den – nicht nur, weil er viel zu lange währt, um ihn zu 1:1 zu dokumentieren,
sondern vor allem, weil er in der konkreten Forschung selten ein Vorgang ist, er
sich präzise von anderen Phasen der Forschung abtrennen ließe.

In unserem Falle sah der Prozess in etwa so aus: Die hier vorgestellte Analyse war nicht die erste Analyse in unserem Forschungsprojekt, und sie war nicht
die letzte – sie war „so mittendrin". Und wenn wir diesen Text schreiben, läuft
die Forschungsarbeit noch einige Zeit weiter. Wir hatten schon einige Videoanalysen anderer Daten vorgenommen, hatten auch schon erste Texte geschrieben
und publiziert, hatten dabei mit verschiedenen qualitativen Verfahren der Daten-
notation und Datendeutung von Bildern und Videos experimentiert, bevor wir
uns (wenn auch nicht zufällig) für das Verfahren der hermeneutischen Wissenssoziologie richtig entschieden.

Einer der Autoren dieses Aufsatzes suchte in dieser Phase der Forschung
nach einem Fall, der (a) möglichst unspektakulär sein sollte und der (b) auf den
ersten Blick mit den bislang erarbeiten Ergebnissen des Projekts nicht oder nur

schwer in Einklang zu bringen ist. Es ging also schon um die Überprüfung und Anreicherung unserer Forschungsergebnisse. Dieser Autor ging also das Material im Schnelldurchgang durch, wählte verschiedene Sequenzen verschiedener Sendungen aus unserem Sample aus, besprach sich mit den anderen Projektmitarbeitern und entschied sich dann zusammen mit der zweiten Autorin (a) für die Geschichte von dem Hund, der schwarz fährt und (b) dafür, (unterstützt durch die neuen Medien) die Analyse gemeinsam vorzunehmen.

Jeder begann dann für sich erst einmal eine (Sequenz-)Analyse, man traf sich, besprach die Ergebnisse und die schier unüberwindlichen Probleme, dann beschloss man, erst einmal ein besseres Notationssystem zu entwickeln. Nach langen Debatten ‚beschlossen' beide, was als das erste Bild in der Sequenz zu gelten hat (Trambahn unscharf in der Mitte des Bildhintergrundes, vorne die Gleise), und interpretierte das Bild als erstes Glied einer Sequenz sequenzanalytisch (Welche Lesarten lassen sich an dieser Stelle noch ermitteln?) oder in der Terminologie von Strauss: Wir betrieben offenes Kodieren. Bei dieser Interpretation listeten wir verschiedene Dimensionen, Aspekte und Elemente auf, die für eine Interpretation wichtig sein könnten, interpretierten in einem zweiten Schritt dann diese Dimensionen, Aspekte und Elemente und entwickelten langsam und sukzessiv ein Notationssystem, das, so glaubten wir, zu unserem Arbeitsziel passt, also eine fruchtbare Verschriftlichung des Videos ermöglicht.

Als Erstes zeigte sich, dass die Interpretation eines *stills* als Teil einer Videoanalyse nicht sehr fruchtbar ist, weil sich mehr Fragen stellen, als sich beantworten lassen. Um die Bedeutung eines Elements zu Erkennung mussten wir z. B. erst die Handlung kennen, deren Teil das Element war. Deshalb suchten wir nach leicht erkennbaren Handlungseinheiten, den *moves*. Hier zeigte sich schnell, dass es ganz offensichtlich mehrere Akteure gibt, die *moves* hervorbringen. Wir entschieden uns dafür, natürlich weil wir uns in der Projektarbeit für die Bedeutung der Medien interessieren, die Kamera zu betrachten und deren Agieren als Grundlage für Sequenzierungseinheiten zu nehmen.

Die Autoren trafen sich mehrfach, um gemeinsam das Video zu interpretieren, schrieben sich Memos zu Interpretationsmöglichkeiten und ersten Lesarten. Das Video wurde in Gruppensitzungen zusammen mit der gesamten Forschergruppe interpretiert, die Mitarbeiterin, die das Video nach den Vorgaben ‚transkribierte' fragte bei unklaren Stellen, entwickelte selbst Lesarten, erste Textstücke entstanden, man sprach (oft informell) mit KollegenInnen über das Video und ein Text wurde geplant. Vom ersten Anstoß bis zur Abfassung des Textes vergingen etwa zwei Monate. In dieser Zeit wurde natürlich noch mehr gemacht als die Analyse des ‚Hundefalles'. Aber er wurde immer wieder diskutiert.

Der Punkt ist nun folgender: Es gab nicht eine Sequenzanalyse, sondern es gab einen über einen längeren Zeitraum sich erstreckenden *Prozess* der Sequenzanalyse. Dies dürfte auch die Normalform der Forschung sein und nicht die

Ausnahme. In dieser Zeit wurden Ergebnisse aus früheren Phasen immer wieder revidiert oder überarbeitet. Teilweise fing man wieder komplett von vorne an, weil einem ‚hinten' etwas aufgefallen war, das ‚vorne' noch nicht sichtbar war. So fiel uns z. B. relativ spät auf, dass eine der gezeigten Protagonistinnen ganz offensichtlich als Mitglied der Unterschicht kodiert war, während die zweite deutliche Zeichen der Mittelklasse aufwies, weshalb man die untersuchte Geschichte auch als Lehrstück über Klassenlagen und Klassenverhalten interpretieren kann. Diese Sicht führte dazu, die Sequenzanalyse erneut zu starten. Kurz: Abgetrennte Sequenzanalysen, die zu einem bestimmten Zeitpunkt beginnen und dann einmal durchinterpretiert werden, dann verschriftlicht und weggelegt werden, gibt es in konkreter Forschung nicht. Auch Sequenzanalysen entstehen in sozialen Prozessen und typisch für sie ist ein ständiges HinundHer zwischen Daten und Interpretation.

Dieser soziale Prozess ist nicht wirklich mit Hilfe eines Textes darstellbar, und wenn man es versucht, dann entsteht eine eigene Gattung, die versucht, den Prozess der Sequenzanalyse im Text und mit Text zu simulieren – wohl wissend, dass ein solches Verfahren selbstwidersprüchlich ist[15]. Nach der Analyse gibt es kein Zurück mehr in die präsequenzanalytische Unschuld und jeder, der einen Text schreibt, muss entscheiden, was wichtig ist und was im Text auftauchen muss. Genau das weiß man jedoch bei der Analyse noch nicht. Deshalb ist jede Darstellung einer Sequenzanalyse notwendigerweise eine ‚Falschdarstellung' –

---

[15] Diese Selbstwidersprüchlichkeit teilt die wissenschaftliche Darstellung von Sequenzanalysen in gewisser Hinsicht mit der Fernsehserie *Lie to me*. Die Serie handelt von einem Experten für das Erkennen von Mikroausdrücken im Gesicht, an denen Experten erkennen können – so die Botschaft der Sendung, aber auch die Paul Ekmans, der für die Figur des Experten Pate stand und die Sendung berät, ob jemand lügt oder nicht. Die Figur in der Serie, ein Mitarbeiter der CIA, kann am Körperausdruck und vor allem am Gesichtsausdruck von Personen sicher erkennen, ob diese lügen oder ihre wahre Emotion verdecken oder falsche Emotionen simulieren. Unabhängig davon, ob Paul Ekman das tatsächlich kann, ist die hier interessierende Frage, ob eine Darstellung von falschen Gesichtsausdrücken und deren Entschlüsselung durch Experten in einer fiktionalen Fernsehserie überhaupt möglich ist. Schon kurzes Nachdenken reicht aus, um zu erkennen, dass die Behauptung der Filmfiguren, sie würden an dem Gesichtsausdruck ihres Gegenübers erkennen können, dass dieser die Unwahrheit sagt, ist ein Selbstwiderspruch. Denn die Schauspieler, die angeblich lügen und auch einen ‚Lügenausdruck' zeigen, lügen ja gar nicht, denn sie zeigen das, was man ihnen aufgetragen hat zu zeigen. Sie können also gar keine Mikrospuren der Vertuschung aufweisen. Und wenn der Regisseur sie anweist, genau eine solche Vertuschungsmikrobewegung zu machen, dann kann das kein Ausdruck von Lüge sein, da nicht gelogen wird. Insofern können weder die Experten in der Serie, noch der Zuschauer, noch Paul Ekmann in den Gesichtern der Schauspieler lügen erkennen. Denn es wird nicht gelogen. Wenn die Figuren in der Serie dennoch Lügen erkennen, liegt das daran, dass der Regisseur aufgrund des Drehbuchs weiß, wer mit welcher Aussage gelogen hat und es seiner Filmfigur ‚heimlich zuflüstert'. Die Serie *Lie to me* beweist also nicht, dass man Emotionen und Lügen sicher erkennen kann, sondern allein, dass man mit dem Versprechen darauf viele Zuschauer vor den Fernseher locken kann.

jedoch nicht zu Täuschungszwecken, sondern allein, um die Analyse dem Leser überhaupt zugänglich zu machen.

Aufgrund dieser schwierigen Lage haben wir uns entschlossen, hier nicht vorzugeben, den Prozess der Sequenzanalyse exakt zu dokumentieren, sondern wir werden die wichtigsten Schritte beschreiben, die wir (a) *nach* der Analyse für sehr wichtig angesehen haben, die (b) hilfreich sind, Videos zu analysieren und die (c) es dem Leser ermöglichen, die Interpretation zu begleiten und nachzuprüfen. Das führte auch dazu, dass der Text im Hinblick auf die zeitliche Reihenfolge nicht immer in sich konsistent ist. So haben wir im ersten theoretischen allgemeinen Teil bereits Erkenntnisse mit eingebaut, welche Ergebnis der späteren Analyse waren, die zeitlich also erst sehr viel später auftauchten. Eigentlich hätte der Aufbau (wollte man den Gang der Analyse nachbilden) ungefähr so sein müssen: Erste Annahmen über Methode und Methodologie der Videoanalyse und der angemessenen Notation, dann erste Versuche der Deutung, dann Revision der Methode, der Methodologie und der Notationssystematik, dann erneute Interpretation, erneute Revision etc.

Die hier vorgelegte Systematisierung einer Sequenzanalyse ist also keinesfalls zu verstehen als kleines Brevier zur Durchführung hermeneutischer Deutungen. Wie im Einzelnen eine Analyse angelegt werden muss, ergibt sich (wie oben schon mehrfach betont) aus der Spezifik der Fragestellung und der Besonderheit der erhobenen Daten. Es gibt nicht die zehn goldenen Regeln der hermeneutischen Methode, wenn überhaupt gibt es *ninty nine ways*, den Daten Bedeutung abzuringen. Erlernen kann man diese Vielfalt am besten, indem man bereits publizierte Fallanalysen liest und durcharbeitet und dabei kritisch prüft, wie Daten, Frage, Transkription und Deutungsverfahren zueinander passen.

Wenn wir im nächsten Abschnitt eine Zusammenfassung des Videoausschnitts liefern, dann nicht deshalb, weil wir das bei der Analyse als Erstes getan haben, sondern weil die Analyse Schritt für Schritt zeigte, welche Handlungen sich in welchen Abschnitten entfalteten, wie die Handlungen von den Akteuren selbst sequenziert wurden. Obwohl der Gesamtüberblick über die Handlungen in der konkreten Forschung erst recht spät vorlag, liefern wir ihn hier vorab, einfach um das Lesen und das Verständnis zu erleichtern.

5.2 Zusammenfassende Darstellung der Sendung *24 Stunden Reportage* vom 07.02.2010

Das Ganze ist immer mehr als die Summe seiner Teile und das Teil wird nur im Gesamt deutbar. Die Bedeutung eines Teils kontextfrei zu erfassen, muss scheitern, egal welcher Methode man sich bedient. Das Teil ist immer nur ein Stein eines Mosaiks und da es hier letztlich um das Mosaik geht, sollen zu Beginn alle ‚Steine‘, also *alle* Elemente des Videos, kurz dargestellt werden.

Eine solche Vorgehensweise widerspricht scheinbar ganz eklatant dem mancherorts vertretenen Verbot, vor der Interpretation von Daten den ganzen Datenkorpus zur Kenntnis zu nehmen und ihn sich in einem ersten Sinnschaffenden Zugriff anzueignen. Auf die Missverständnisse und auch Fehleinschätzungen, die dem so verstandenen Kontextverbot (das oft auch als Offenheitsgebot formuliert wird) zugrunde liegen, haben wir bereits weiter oben hingewiesen und werden sie deshalb hier nicht wiederholen.

Die Sendung *24 Stunden Reportage* vom 07.02.2010 von 23.20 Uhr bis 00.30 Uhr trägt den Titel *Cops und Kontrolleure: Wir wachen über euch!* und besteht aus drei Handlungssträngen: Die Arbeit der Zollfahnder, die Arbeit der Trambahnschaffner und die Arbeit in einer Polizeistation. Durch den Videoschnitt entsteht ein Wechselspiel zwischen Zollfahndern an der Grenze zwischen den Niederlanden und Deutschland, Trambahnkontrolleuren in Halle und der Polizeistelle in Meiningen (Thüringen) mit unterschiedlichen narrativen Teilen der Reportage. Hier die Kurzbeschreibung der einzelnen Sendungsteile:

1. Sequenz: Sendungsvorschau der spezifischen Sendung vom 07.02.2010
Die Vorschau zur Sendung beginnt direkt ohne jeglichen *voice over*-Kommentar und steigt zu Beginn mitten in eine Handlung ein, welche in unterschiedliche Erzählstränge geteilt werden kann.

Im Mittelpunkt des ersten Erzählstrangs steht eine routinemäßige Verkehrskontrolle, bei der ein Mann auf einen Beamten einschreit. Im Anschluss hieran ist ein Jugendlicher zu sehen, der mit zwei Kontrolleurinnen vor einer Bahn steht und diese darüber informiert, dass er ohne Ticket Bahn fahren will. Der dritte Erzählstrang der Vorschau zeigt zwei Beamte an einem Einsatzwagen sowie eine verfremdete Person. Einer der Beamten fragt die verfremdete Person, ob diese Drogen konsumiert habe. Diese verneint. Nach einem harten Schnitt sind drei Drogentester in Großaufnahme zu sehen. Der letzte *take* zeigt die Beamten vor dem Einsatzwagen, zwei mit einer Dienstjacke des Zolls bekleidet. Einer von ihnen identifiziert die Drogentests als positiv.

Während der gesamten Sendungsvorschau ist Musik und ein Geräusch ähnlich des „Tickens einer Uhr" zu hören und endet damit, dass die ‚typische‘ Hintergrundmusik der *24 Stunden Reportage* beginnt. Nach der Vorschau der Sendung erscheint abschließend das Logo der *24 Stunden Reportage* in einem Kreis (ähnlich einer Uhr), welcher sich zuvor langsam an eine ablaufende Uhr erinnernd komplettiert:

2. Sequenz: Sendungsvorspann der spezifischen Sendung vom 07.02.2010
Das Logo der *24 Stunden Reportage* erscheint während des Ablaufs des Sendungsvorspanns im linken unteren Bereich des Bildschirms und eine Andeutung
des Uhrkreises aus der Vorschau ist zu erkennen. Im Vorspann sind weitere Erzählstränge der Sendung zu sehen: Zollbeamte führen einen Jugendlichen zu
ihrem Einsatzwagen; Marihuana in einem Plastikbeutelchen auf Waage; ein Jugendlicher, der an den Einsatzwagen gelehnt ist; zwei Männer in weißen Polo-
hemden und ein in Warnweste gekleideter Mann heben etwas Verfremdetes vom
Boden einer Wohnung auf; das nächste Bild zeigt einen Totenschein mit verfremdeten Namen, lediglich die Überschrift „Totenschein" ist deutlich zu erkennen.
Nach dieser erneuten Sendungsvorschau wird der Titel der Sendung vor dem
Hintergrund eines blauen Streifens eingeblendet: „Cops und Kontrolleure: Wir
wachen über euch!", im Hintergrund ist ein Polizist mit zwei Waffen in der Hand
zu sehen, der zu einem Polizeiwagen läuft:

Danach ist ein Mann, der für jemanden eine Art Schein ausstellt, zu erkennen
sowie nach dem nächsten Schnitt eine junge Frau, die in der Trambahn sitzt und
einen kleinen Hund vom Sitz neben sich in eine Handtasche setzt. Abschließend
erscheint ähnlich dem Ablauf einer Uhr erneut das *24 Stunden Reportage*-Logo.

Die Musik wird zum Ende des Sendungsvorspanns lauter und endet (als die Sendung beginnt) in einem leiser werdenden Ticken erinnernd an eine Uhr.

3. Sequenz: Eigentlicher Beginn der Sendung – Einsatz der Zollfahndung an der Grenze zwischen Niederlande und Deutschland Teil 1: Motorradfahrer
Während der ersten Bilder der Sendung erscheint das *24 Stunden Reportage*-Logo im unteren linken Bereich des Bildschirms als verkleinerte Darstellung. Während des *voice over*-Kommentars, der erläutert, dass ein Motorradfahrer wegen des Verdachts auf Drogenschmuggel durch Beamte des deutschen Zolls an der holländisch-deutschen Grenze verfolgt wird, sind zwei Beamte in einem Einsatzwagen zu sehen, die den Motorradfahrer verfolgen. Im weiteren Verlauf der Verfolgung entkommt der Motorradfahrer zunächst den Beamten. Diese können jedoch durch Hinweise von Kollegen die Spur später wieder aufnehmen. Die anschließende Einstellung zeigt die zwei Beamten, wie sie aus dem Wagen steigen und sich ein im Wald abgestelltes Motorrad ansehen. Anhand abgebrochener Äste verfolgt ein Beamter die Spur des geflohenen Motorradfahrers. Der *voice over*-Kommentar beendet die Sequenz: „Rudolf Esser geht der Sache zu Fuß nach."

4. Sequenz: Zwischenvorschau auf weiteren Sendungsverlauf vor erster Werbepause
Die Musik der Sendung ertönt und ein Teil einer angedeuteten Uhr erscheint unten links am Bildschirm. Die Zwischenvorschau auf die weiteren Sendungsinhalte greift erneut die am Beginn der Sendung vorgestellte Thematik der Drogenkontrolle im Straßenverkehr mit der dazugehörigen Einstellung auf, während als *voice over-Kommentar* „Die Verdächtigen müssen mit auf die Wache" zu hören ist. Dem folgt ein Kurzinterview mit einem Polizisten, dann die Darstellung der Verkehrskontrolle, in der ein Konflikt zwischen Polizist und dem Kontrollierten zu beobachten ist. Der *voice over*-Kommentar ergänzt die Aufnahmen: „Waffenschmuggel in Deutschland? Nicht ganz. Ein Schießbudenbesitzer muss seine Luftgewehre abgeben. Er versteht die Welt nicht mehr. Mehr darüber gleich." Es erfolgt eine Texteinblendung am unteren Rand des Bildschirms „Gleich geht's weiter". Dieser Einblendung folgt ein *24 Stunden Reportage*-Logo, welches den gesamten Bildschirm einnimmt.

5. Sequenz: Erste Werbepause
Die erste Werbeeinblendung schließt sich direkt dem *24 Stunden Reportage*-Logo an. Dabei handelt es sich um das Onlineportal *Elitepartner.de*, welches gleichzeitig durch eine Programmvorschau von *SAT.1* ergänzt wird: „Nicole Kidman & Daniel Craig DER GOLDENE KOMPASS". Es folgt eine Werbeankündigung mit dem Slogan „Color your life", dem die nachstehenden Werbefilme angeschlossen sind: Balisto, T-Mobile, Cash4Gold, Single Marit Larson „Under the Surface" mit

Konzertterminen, Zalando – Schuhe online bestellen, Maxdome – Deutschlands größte Onlinevideothek, Zott Sahnejoghurt, Voltaren Schmerzgel und E wie Einfach – Strom. Die Werbepause endet mit einem Beitrag von *SAT.1,* in dem Franz Beckenbauer zu sehen und das Lied „Show me what I'm looking for" zu hören ist.

6. Sequenz: *SAT.1* – Programmvorschau:
Der Werbepause schließt sich die Vorschau auf das Programm von *SAT.1* an, in welchem die folgenden Inhalte vorgestellt werden: Der Crime-Sonntag mit *Navy CIS* und *Criminal Minds*, *SAT.1* Film-Film am Mittwoch: *The Glas House* und *SAT.1* Film-Film: *Von Frau zu Frau*. Die Gesamtzeit der Unterbrechung beträgt ca. 7 Minuten 15 Sekunden.

7. Sequenz: Zweiter Teil der Sendung: Sendungsvorschau
Das Logo der *24 Stunden Reportage* erscheint nach der Programmvorschau als Vollbild. Es kommt zu einer Überblendung vom Logo zur Vorschau der Sendung, in der ein rasender Einsatzwagen der Polizei auf einer Straße fahrend mit Blaulicht zu sehen ist:

Vor diesem Hintergrund erscheint das *24 Stunden Reportage* – Logo klein in der linken unteren Ecke des Bildschirms und der Titel der Sendung *Cops und Kontrolleure: Wir wachen über euch!* wird eingeblendet.

8. Sequenz: Zweiter Teil der *24 Stunden Reportage:* Trambahn-Kontrolleure in Halle Teil 1: Schwarzfahrender Student
Ein *voice over*-Kommentar führt in die Handlung ein, indem er erklärt, dass für die Trambahnkontrolleure Anett, Sabine und Herbert aus Halle der Arbeitstag beginnt und dass auch heute nicht jeder ein Ticket in der Bahn besitzt. Während der *voice over*-Kommentar zu hören ist, sind die drei Kontrolleure dabei zu sehen, wie sie an einer Haltestelle in die Bahn einsteigen. Kurz nach Beginn der Fahrkartenkontrolle wird der erste Schwarzfahrer ohne Ticket in der Bahn erwischt. Die Kontrolleurin und der Schwarzfahrer klären die Formalien, während der

voice over-Kommentar das Geschehen begleitet: „Angeblich ist der Mann nach durchzechter Nacht in der Bahn eingeschlafen und schon ein paar Mal im Kreis gefahren. Ausweisen kann er sich nicht." Der zweite Handlungsstrang dieser Sequenz spielt außerhalb der Bahn. Der schwarzfahrende Student erklärt, dass er kein Geld bei sich habe und deshalb erneut schwarz fahren müsse. Er steigt in die Bahn ein. Es stellt sich allerdings heraus, dass er doch ein Ticket besitzt – wie der *voice over*-Kommentar bestätigt: „Irgendwer muss ihm das Geld für das Ticket geschenkt haben. Gut für ihn. Die Kontrolleure hätten ihm gerade noch eine Strafe aufgebrummt."

9. Sequenz: Zolleinsatz Grenze Niederlande Teil 2: Motorradfahrer
Ein harter Schnitt dient als Überleitung zur nächsten Sequenz. Der *voice over*-Kommentar erläutert den neuen Handlungsstrang: „An der Grenze zu Holland fahnden die Zöllner Spieß und Esser immer noch nach dem Motorradfahrer." Es sind nun mehr Einsatzkräfte als die beiden Beamten vom Anfang im Einsatz, die versuchen, den Motorradfahrer aufzuspüren. Letztendlich wird dieser vom Zollbeamten Spieß an einem Bahndamm gestellt. Nachdem dem Motorradfahrer Handschellen angelegt worden sind, beginnen die Beamten den vom Motorradfahrer weggeworfenen Beutel zu suchen. Am Ende stellt sich heraus, dass dieser tatsächlich (wie vermutet) Marihuana enthält. Die Beamten informieren ihn über den Fund und erläutern ihm die rechtlichen Folgen. Der *voice over*-Kommentar schließt die Sequenz ab, während der Zollwagen aus dem Bild über eine Landstraße davonfährt: „Kann ja sein. Aber unsere Zöllner haben da ihre Zweifel. Zu häufig schon haben sie Wiederholungstäter erwischt, die vorher Stein und Bein geschworen haben: Nie wieder."

10. Sequenz: Polizeiwache in Meinigen Teil 1: Toter Sohn in Wohnung
Ein *voice over*-Kommentar erklärt eingangs das Geschehen, dass die thüringischen Polizisten Andreas Müller und Andreas Ersam in Meiningen eingesetzt werden. Der Erzählstrang beginnt mit der Meldung einer älteren Dame, die seit Tagen nichts von ihrem Sohn gehört hat. Aufgrund dessen fahren die Polizisten mit dem Schlüsseldienst zu der Wohnung des Mannes. Dort treffen sie auf die Mutter des als vermisst geltenden Sohnes. Nachdem der Schlüsseldienst die Wohnungstür geöffnet hat, betreten die zwei Beamten die Wohnung und finden den Sohn tot in einem Sessel vor dem laufenden Fernseher. Die Polizisten verständigen den Notarzt und das Kriseninterventionsteam zur Betreuung der Mutter. Im nächsten Abschnitt betritt das Sanitäter-Team die Wohnung, welches nur noch den Tod des Mannes feststellen und seinen Leichnam auf eine Trage legen kann. Bevor das Kriseninterventionsteam eintrifft, informiert einer der Sanitäter die Mutter über den Tod ihres Sohnes. Die Sanitäter stellen abschließend fest, dass es kein Fremdverschulden war und stellen den Totenschein aus. Einer der Polizisten

nimmt abschließend vor der Kamera Stellung dazu: Da es sich um eine natürliche Todesursache handele, sei das nun kein Fall mehr für die Polizei.

11. Sequenz: Trambahnkontrolleure in Halle Teil 2: Frau mit Hund. Da wir diesen Teil später genauer untersuchen werden, erfolgt die Beschreibung weiter unten.

12. Sequenz: Vorschau auf nachfolgende Teile der Sendung
Die typische Musik von *24 Stunden Reportage* wird eingeblendet. Im linken unteren Teil des Bildschirms ist erneut der Teil einer angedeuteten Uhr zu erkennen. Zu Beginn der Vorschau ist ein Polizist im Wald zu sehen, der sich Gummihandschuhe anzieht und in Richtung Kamera spricht: „Puh … Der hat ja gar keinen Bauch mehr, gar nichts. Das ist alles schon Wildfraß."

Der *voice over*-Kommentar fasst die Situation zusammen: „Ein Kind wird im Wald gesucht. Doch die Polizei findet die Leiche eines Erwachsenen." Der nächste Ausschnitt zeigt einige Beamte an einem Wagen des Zolls mit einer verfremdeten Person. Trotz der Versicherung der Insassen keine Drogen mitzuführen und konsumiert zu haben, beweist ein Test das Gegenteil. Es wird ein Kofferraum gezeigt, in dem ein Hund etwas zu suchen scheint und dabei von einem Zollbeamten beobachtet wird. Während die Einblendung „Gleich geht's weiter" beendet der *voice over*-Kommentar die Vorschau: „Die Durchsuchung beginnt. Gleich." Vor dem Übergang von der Sendungsvorschau zur Programmvorschau erscheint das *24 Stunden Reportage*-Logo.

13. Sequenz: Programmvorschau von *SAT.1*
Es folgt eine Programmvorschau auf den Film *Maddin in Love,* der sich die zweite Werbepause anschließt.

14. Sequenz: Zweite Werbepause
Bevor die eigentlichen Werbefilme beginnen, ist Franz Beckenbauer zu sehen, der einen Fußball kickt und eine Frau, die den Ball auffängt. Diese Szene endet mit

dem Slogan von *SAT.1*. Es folgen Werbefilme von: T-Mobile, Weight Watchers, CD-Album *The sweetest Hangover* von Miss Platnum, www.ab-in-den-urlaub.de, Bronchipret und Sinupret Erkältungsmittel, CD-Album *Tatoos* von Peter Maffay und Live Tournee, www.e-hoi.de Kreuzfahrtenspezialist, www.GameDuell.de Deutschlands größte Spieleseite und Voltaren Dolo extra.

15. Sequenz: Programmvorschau von *SAT.1*
Den Werbefilmen angeschlossen ist eine Vorschau quer durch das Programm von *SAT.1*: *SAT.1* FilmFilm allgemein, *SAT.1* FilmFilm am Donnerstag: *Der goldenen Kompass* mit Nicole Kidman und Daniel Craig und der großen *SAT.1* Film TV Premiere: *Im Spessart sind die Geister los.* Die Gesamtzeit der Unterbrechung von Vorschau und Werbefilmen beträgt 6 Minuten 15 Sekunden.

16. Sequenz: Dritter Teil der Sendung: Sendungsvorschau
Das *24 Stunden Reportage*-Logo nimmt bei der Sendungsvorschau den gesamten Bildschirm ein. Im Anschluss daran sind die gleichen Szenen wie nach erster Werbepause zu sehen: Ein Polizeiwagen mit halber Uhreinblendung und Titel der Sendung „*Cops und Kontrolleure: Wir wachen über euch!*".

17. Sequenz: Polizeistelle Meiningen Teil 2: Vermisster Junge
Während die 17. Sequenz mit einer Aufnahme durch die Frontscheibe eines Autos beginnt, hat sich das Logo von 24 Stunden in das *24 Stunden Reportage*-Logo verändert und wird langsam in der linken unteren Ecke des Bildschirms einge-blendet. Der *voice over*-Kommentar führt in das Geschehen ein: „Aufregung in Thüringen. Ein Kind ist verschwunden. Die Polizisten Müller und Ersam werden zur Schule des Jungen gerufen. Dort wurde er zuletzt gesehen.„Nachdem die Polizisten mit Beamten der Schule des vermissten Jungen gesprochen haben, be-schließen sie die Suche auf den nahegelegenen Wald auszuweiten. Die Handlung findet eine überraschende Wendung, als die Polizisten bei der Suche nach dem Jungen im Wald die Leiche eines Mannes entdecken, der durch Wildfraß völlig entstellt ist, sodass nur seine Papier in der Brieftasche Aufschluss über dessen Identität geben können. Ab diesem Zeitpunkt übernimmt die Spurensicherung den Fall, sodass die Suche nach dem verschwundenen Jungen weitergehen kann. Der Fall endet mit der Nachricht, dass der Junge in der Stadt gesehen worden ist und einer anschließenden Konfrontation des Jungen mit der Polizei, was der *voice over*-Kommentar wie folgt zusammenfasst: „Alle sind erleichtert. Die Mut-ter sowieso. Aber auch die Polizei."

18. Sequenz: Zolleinsatz Grenze Niederlande Teil 3: Drogenkontrolle im Verkehr
Auch im dritten Teil des Zolleinsatzes an der Grenze zwischen Niederlande und Deutschland führt der *voice over*-Kommentar in den Erzählstrang ein. Die Zöllner

Robert Spieß und Rudolf Esser beobachten das Autobahngeschehen aus dem Einsatzwagen heraus. Im nächsten take fahren die Zöllner in ihrem Einsatzwagen los und stoppen einen Wagen auf einem Parkplatz. Es folgt eine Kontrolle des Fahrers und Beifahrers auf Fahrzeugpapiere, Ausweis und Führerschein sowie auf Drogen und Schmuggelgegenstände. Drogentests werden durchgeführt, die in beiden Fällen positiv ausfallen. Nachdem ein Drogenhund das Auto der Drogenkonsumenten durchsucht hat, muss das Paar die Beamten auf die Wache begleiten. Hier werden sie erneut auf Drogen kontrolliert. Als klar wird, dass die beiden Personen lediglich vor ein paar Tagen Drogen konsumiert und keine Drogen mitgeführt oder geschmuggelt haben, dürfen sie ihre Fahrt fortsetzen.

19. Sequenz: Trambahnkontrolleure in Halle Teil 3: Zuckerkranker
Der *voice over*-Kommentar erläutert die aktuelle Situation der Trambahnkontrolleure in Halle, die die Fahrkartenkontrolle durchführen. Bei der Kontrolle eines älteren Herrn fällt auf, dass dieser sein Ticket nicht abgestempelt hat, was ein Bußgeld zur Folge hat. Obwohl der ältere Herr mehrfach betont, dass er sich aufgrund seiner Zuckerkrankheit vor dem Abstempeln des Scheins erst einmal habe hinsetzen und ausruhen müssen, fordert die Kontrolleurin den Fahrgast auf, sich auszuweisen und übergibt ihm nach Überprüfung des Ausweises den Bußgeldbescheid. Am Ende der Sequenz nehmen die Kontrolleurin und ihr Kollege vor der Kamera Stellung zum Geschehen. Hier erklären die beiden, dass der Fahrschein bereits fast ein Jahr alt gewesen sei und man kaum noch etwas darauf hätte erkennen können, sodass die Vermutung nahe gelegen habe, dass der ältere Mann den Fahrschein für den Fall dabei habe, dass es zur Kontrolle kommt.

20. Sequenz: Mobile Zollkontrolle Grenze Niederlande Teil 4: Routinekontrolle von Passanten zu Fuß
Zu Beginn der Sequenz fahren die Zollfahnder ein Gebiet ab, in dem die meisten, die Betäubungsmittel von den Niederlanden nach Deutschland schmuggeln, zu Fuß über die Grenze kommen. Die Fahnder kontrollieren einen Passanten zu Fuß am Einsatzwagen, ob dieser Drogen mit sich führt. Die Kontrolle fällt negativ aus und die Zollbeamten sehen sich weiter um. Der nächste take zeigt einen der Zollfahnder, der sich mit einem Kollegen über zwei Verdächtige austauscht, die angeblich Drogen mit sich führen. Nach einer Beschreibung der verdächtigen Person warten die Beamten an einer Bushaltestelle auf den Jugendlichen. Die Fahnder steigen in den Bus ein und sprechen die verdächtigen Fahrgäste an. Die verdächtigen Personen werden aus dem Bus geführt und am Einsatzwagen auf Drogen kontrolliert und befragt. Nachdem bei den Verdächtigen mitgeführte Drogen festgestellt worden sind, klärt einer der Beamten die Jugendlichen über ihre Rechte auf.

21. Sequenz: Polizeistelle in Meiningen Teil 3: Schießbudenbesitzer
Musik eröffnet die neue Sequenz und ein *voice over*-Kommentar erläutert, dass die Polizisten Müller und Ersam zur letzten Streifenfahrt des Tages aufgebrochen sind. Dabei stoßen die Beamten auf einen Wagen, der unnötigerweise seine Nebelschlussleuchte eingeschaltet hat. Der Beifahrer, Herr Gärtner, wird von einem Beamten während der Alkoholkontrolle seiner Frau dazu aufgefordert, den Verbandskasten und das Warndreieck des Autos vorzuzeigen. Als dieser den Kofferraum öffnet, sind dort einige Waffen zu sehen. Auf Nachfrage nach dem dazugehörigen Waffenschein kann das Ehepaar als Besitzer einer Schießbude lediglich eine Kopie des Waffenscheins vorzeigen, welcher allerdings auf die (Schwieger-)Mutter ausgestellt ist, die sich nicht im Auto befindet. Die Polizisten sehen sich gezwungen, die Waffen in Gewahrsam zu nehmen bis die (Schwieger-)Mutter Frau Gerda Gärtner kurz darauf das Original des Waffenscheins auf der Wache persönlich vorlegt und so die Waffen auslöst. Frau Gärtner bemerkt: „Komisch, in Amerika da kann jeder eine Waffe haben, da fragt auch keiner." Am Ende der Sequenz belehrt der *voice over*-Kommentar die Zuschauer: „Da irrt Frau Gärtner. Auch in Amerika gibt's Cops und Kontrolleure massenhaft. Und mal ehrlich: Unsere hier sind doch eigentlich ganz nett." Die Kamera schwenkt auf die zwei Polizisten aus Meiningen und dann auf die komplette Beamtenschaft der Wache an einem Besprechungstisch und dann wieder zurück auf die beiden Polizisten. „Oder?", fragt der *voice over*-Kommentar.

22. Sequenz: Abspann der Sendung
Am Ende der Sendung steht der Abspann mit Programmhinweis auf die Sendung *News & Stories* im Anschluss an die *24 Stunden Reportage*. Dort sind noch einmal eine Auswahl gezeigter Szenen der Erzählstränge der Zollfahnder und der beiden Polizisten aus Meiningen zu sehen:

Die hier untersuchte Sendung *24 Stunden Reportage* besteht also aus insgesamt 22 *Sequenzen* (Teilen), die deutlich voneinander zu unterscheiden sind. Acht Teile sind selbstreferentiell: sie beziehen sich auf den Sender *SAT.1* oder die aktuelle

Sendung. Es existieren zwei Werbeunterbrechungen, die insgesamt eine Zeit von 13:30 Sekunden ausmachen. Die Teile im Einzelnen:

1. Sequenz:	Sendungsvorschau der spezifischen Sendung vom 07.02.2010
2. Sequenz:	Sendungsvorspann der spezifischen Sendung vom 07.02.2010
3. Sequenz:	Beginn der eigentlichen Sendung: Zolleinsatz an der Grenze zwischen der Niederlande und Deutschland Teil 1: Motorradfahrer
4. Sequenz:	Sendungsvorschau auf weiteren Sendungsverlauf vor erster Werbepause
5. Sequenz:	Erste Werbepause
6. Sequenz:	Sat.1 - Programmvorschau
7. Sequenz:	Zweiter Teil der Sendung: Sendungsvorschau
8. Sequenz:	Trambahn-Kontrolleure in Halle Teil 1: Schwarzfahrender Student
9. Sequenz:	Zolleinsatz an der Grenze zwischen der Niederlande und Deutschland Teil 2: Motorradfahrer
10. Sequenz:	Polizeiwache in Meinigen Teil 1: Toter Sohn in Wohnung
11. Sequenz:	Trambahnkontrolleure in Halle Teil 2: Frau mit Hund
12. Sequenz:	Vorschau auf nachfolgende Teile der Sendung
13. Sequenz:	Programmvorschau von Sat.1
14. Sequenz:	Zweite Werbepause
15. Sequenz:	Programmvorschau von Sat.1
16. Sequenz:	Dritter Teil der Sendung: Sendungsvorschau
17. Sequenz:	Polizeistelle Meinigen Teil 2: Vermisster Junge
18. Sequenz:	Zolleinsatz Grenze Niederlande Teil 3: Drogenkontrolle im Verkehr
19. Sequenz:	Trambahnkontrolleure in Halle Teil 3: Zuckerkranker
20. Sequenz:	Zollkontrolle Grenze Niederlande Teil 4: Routinekontrolle von Passanten zu Fuß
21. Sequenz:	Polizeistelle in Meiningen Teil 3: Schießbudenbesitzer
22. Sequenz:	Abspann der Sendung

5.3 Analyse der Sequenz: Ein Hund fährt schwarz

Womit die Deutungsarbeit beginnen? Diese Frage spricht zwei Probleme an: Erst einmal, ganz handgreiflich, die Frage: Was ist das erste Bild, das interpretiert werden soll? Dann jedoch noch zweitens (hat man sich für ein Bild entschieden) die Frage, mit welchem Teil der Notation begonnen werden soll. Soll man mit dem Text beginnen oder dem Bild? Erst einmal: Man beginnt damit, dass man die Notation zur Hand nimmt. Genaue Notationen sind nämlich keine Fleißübungen, sondern ein notwendiges Hilfsmittel zur Analyse von Videos[16]. Doch wie nutzt man die Notationen? Aus unser Sicht ist es am sinnvollsten, bei der Analyse nicht mit dem Text zu beginnen, sondern mit dem durch den Film geschaffenen Filmraum, der ganz allgemein durch Ort und Zeit bestimmt wird – also mit der Kadrierung. Dann kann man schauen, wie der Ort bevölkert wird, welche Dinge und Personen in welcher Beziehungskonstellation zueinander auftauchen. Dann geht man Schritt für Schritt die einzelnen Punkte der Notation durch bis man schlussendlich alle in die Deutung miteinbezogen hat. Natürlich geht das nicht mechanisch nacheinander, sondern immer wieder wird man von einem Punkt zum anderen springen; die Deutung des einen Punktes beflügelt die Interpre-

---

[16] Deshalb macht es auch Sinn, dass die Interpreten selbst an der Erstellung der Notation maßgeblich beteiligt sind oder aber zumindest diejenigen, welche die Notation erstellt haben, an der Interpretation beteiligt sind.

tation eines anderen und vice versa. Für diesen Prozess der Interpretation gilt das Gleiche wie für die Sequenzanalyse: Man kann ihn nicht wirklich darstellen. Deshalb findet sich in der *Darstellung* der Interpretation auch nicht immer auf den ersten Blick der direkte Bezug zu den einzelnen Punkten der Notation. Auf den zweiten Blick jedoch schon.

Das einfachste bei einer Videoanalyse ist (so scheint es zumindest), mit dem ersten Bild zu beginnen. Doch was ist das erste Bild? Auch hier wird man (wie so oft) pragmatisch und in der Haltung eines Menschen im Alltag das für den Anfang nehmen, was als Anfang ausgeflaggt ist. In unserem Beispiel ist es das erste Bild der Teilsequenz, die wir als Ganze betrachten wollen – also das erste Bild der Episode über den Hund, der ohne Ticket mitfährt. Man startet mit dem Versuch einer Beschreibung dessen, was man sieht.

5.3.1   Das gezeigte Bild: Trambahn mit Menschen und Bäumen

Das erste Bild dieser Episode ist das, das direkt nach dem Schnitt erscheint. Da Videokameras nicht mehr wie Filmkameras arbeiten, die viele Einzelfotos belichteten und viele zu einer flüssigen Bewegung verbanden, und es deshalb kein bestimmtes erstes Bild mehr gibt, nehmen wir als erstes Bild das, was als Erstes zu sehen ist. Mittels moderner *Software* wird es still gestellt und farbig ausgedruckt. Dieser Ausdruck ist das erste Datum, das es zu interpretieren gilt. In unserem Fall sieht das Bild (auf den ersten Blick) so aus:

Groß im Vordergrund ist eine gepflasterte Straße, die sich bis zum Bildhintergrund erstreckt. Links und rechts im Bildhintergrund ist die Straße von grünen Bäumen gesäumt. Ein Auto steht/fährt am Rande, ein weiteres ist klein im rechten Hintergrund zu sehen. Rechts an der Seite befindet sich eine Gruppe Menschen, die an einer Haltestelle warten. Dort, wo der Hintergrund in den Vordergrund reicht, ist in der Mitte des Bildes eine Trambahn zu sehen. Eine Art LED-Anzeige am Kopf der Trambahn zeigt die Ziffer „4" und Buchstabenfolge: „Kröllwitz". Die Trambahn steht/fährt auf Schienen, die in die gepflasterte Straße eingelassen sind. Links unten im Bild ist das Zeichen *24-Stunden-Reportage* eingeblendet, rechts oben die Buchstaben- und Ziffernfolge *SAT.1*. Hätte ein Maler dieses Bild gemalt, hätte er es vielleicht so genannt: ‚Trambahn mit Menschen und Bäumen'.

Eine solche Darstellung des Bildinhalts ist natürlich keine reine Deskription, sondern bereits eine Deutung dessen, was wir zu sehen glauben, manches Implizite haben wir bereits explizit gemacht. Die helle Fläche im Vordergrund nennen wir ‚Straße', das große rechteckige Etwas in der Mitte ‚Trambahn' (und nicht Bus), die kleinen Rechtecke ‚Autos', die Gestalten ‚Menschen' und das Rechteck am Schienenrand mit dem einen großen ‚H-Schild' eine Haltestelle. Aber nicht nur die Formen, die auf dem Bild zu sehen sind, haben wir bereits mit sinn-machenden Wörtern versehen, auch das Bild selbst. Wir sprechen von Vorder- und Hintergrund, von Mitte und von rechts und links. Wer hinter eine solche sinnmachende Beschreibung zurück will, wird nicht nur nichts mehr finden, sondern zugleich feststellen, dass die scheinbar neutralen Wörter ebenfalls Sinn machen – nur etwas allgemeiner.

Eine andere Ebene der Beschreibung betreten wir, wenn wir die Menschen mit der Trambahn in Verbindung bringen und sagen, „Die Menschen warten an der Haltestelle auf die Trambahn der Linie 4, die in Richtung Kröllwitz fährt; die Trambahn kommt an; das Auto parkt". All das und noch vieles mehr lässt sich nicht wirklich dem Bild entnehmen, sondern wir müssen es folgern, erschließen, teils, indem wir logisch schließen, teils, indem wir das Gesamte uns verständlich machen, und zwar dadurch, dass wir uns Szenarien vorstellen, in denen die gezeigten Elemente auftauchen und Sinn machen. Auch hier wird Implizites explizit gemacht. Und eines der möglichen Szenarien, das wir kennen und das mit den Geschehnissen auf dem Bild hinreichende Ähnlichkeiten aufweist, ist das Szenarium ‚Straßenverkehr, Trambahn und Haltestelle'.

Zu sagen, dass im oberen linken Bildrand das Logo des Fernsehsenders *SAT.1* eingeblendet ist, gehört auch zu dieser abstrakteren Ebene. Wir ‚verstehen' es nur, wenn und weil wir bestimmtes Weltwissen von Fernsehsendern und der Technik des Einblendens haben. Sobald wir uns auf dieser Ebene befinden, tauchen nicht nur Trambahnen und Fahrgäste auf, sondern in deren Horizont taucht zugleich das Wissen über den Unterschied von Bussen und Trambahnen auf, wann und warum die ersten, also die Busse, eingeführt und wann die zweiten abgeschafft bzw. wieder eingeführt wurden, welche Art von Orten/Städten überhaupt (noch) über Trambahnen verfügt etc. Und wenn wir von *SAT.1* schreiben, dann taucht im Horizont unausweichlich das Wissen um Fernsehsender auf (private wie öffentliche), von Zuschauern, Sendungen, Einschaltquoten, Werbung, Unterhaltung etc., aber das Wissen um Techniken der Filmherstellung der Filmgestaltung u. v. a. m., kurz: das einzelne Videobild steht bereits in einem Kontext und zwar in dem, den die Interpreten für das Bild aktiviert haben.

Eine andere Ebene der sinn-machenden Deutung beschreitet man, wenn man überlegt, ob (ganz im Sinne einer ikonologischen Interpretation) es sich bei der in den Vordergrund bewegenden Bahn um eine Wiederaufnahme der berühmten Bahnszene der Gebrüder Lumière handelt – eine Frage, die sich übrigens verstärkt, wenn man den ganzen *take* betrachtet, denn in der Tat fährt die Bahn auf die Kamera zu, wenn auch in einem anderen Winkel als bei dem Klassiker der Filmgeschichte. Auch hier wird Implizites explizit gemacht – wobei hier allerdings eher ‚vermutet' als ‚gewusst' wird. Das heißt, der Grad der Sicherheit, ob das Wissen hier auch der Fall ist, nimmt ab.

Gewiss kann man eine Ähnlichkeit zwischen der in einen Bahnhof einfahrenden
Lokomotive der Gebrüder Lumière aus dem Jahr 1895 und der hier in Frage stehenden Trambahn sehen, doch für die These, dass es sich um ein bewusstes Film-
zitat handelt, spricht erst einmal nichts. Hier anzusetzen und die Deutung vor diesem filmgeschichtlich relevanten Ereignis zu entwickeln (was wir im Übrigen im
Laufe unserer eigenen Interpretation über einige Zeit versucht haben), macht sehr
viel Arbeit, ohne dass es unterm Strich Gewinn bringt. Möglicherweise geht diese Art des Zeigens einer Bahn tatsächlich auf die Gebrüder Lumière zurück, aber
es ist dann ein Zitat eines Zitates, eines Zitates, eines Zitates, das sich in der Dun-
kelheit der Geschichte verliert. Oder aber die Betrachtungsweise der Gebrüder
Lumière ist Teil des Kanons der Filmausbildung geworden und hat sich so über
die Ausbildung in das Tun von professionellen Kameramännern eingeschrieben
und ist auch so Teil der habituellen Praktik des Filmens geworden. Oder aber es
macht in unserer Kultur für jeden offensichtlich Sinn, eine Bahn, die im weiteren
Verlauf von Bedeutung sein wird, zu zeigen, wenn sie auf einen zukommt und
nicht dabei, wie sie wegfährt.

Diese ersten sinn-machenden Deutungen gelingen im Übrigen nur, weil wir
das Bild als *Momentaufnahme* eines tatsächlich ablaufenden Ereignisses gedeutet haben, also indem wir das Bild in eine zeitliche Abfolge einrückten. Eine
Bestätigung dieser Annahme lieferten die weiteren Bilder. Sie zeigten nämlich,
dass unterschiedliche Akteure unterschiedliche Handlungszüge im Bild und mit
dem Bild herstellten. Die Videobilder stellten jeweils bestimmte Handlungen
und deren Abfolge dar – und das waren die Einheiten, die von Bedeutung waren.
Deshalb hatten wir bereits an dieser Stelle beschlossen, die Analyse von Einzelbildern aufzugeben und uns stattdessen erst einmal einem groben Überblick über
die verschiedenen Handlungszüge der einzelnen Akteure zu verschaffen.

Lässt man nun den ersten *take* der Episode vor sich ablaufen, dann löst sich
das statische Bild ‚Trambahn mit Bäumen und Menschen‘ schnell auf und wir
erhalten eine Szene. Eine Trambahn fährt auf den Betrachter zu. Erst ist sie nur
unscharf zu sehen, aber dann wird das Bild klarer – ebenso das Bild der Men-

schen an der Haltestelle. Auf der Straße daneben fließt mäßiger Verkehr. Als die Trambahn sich der Kamera noch mehr nähert, verschwimmt das Bild wieder.

Mit dem ersten Bild setzt als *voice over*-Kommentar Musik ein, die das Geschehen im Weiteren immer wieder begleitet. Nach etwa einer Sekunde hört man eine männliche, mittelalte Stimme (als *voice over*) sprechen. Etwa eine halbe Sekunde später erscheint im rechten unteren Bildrand nach und nach im Stakkato einer mechanischen Schreibmaschine und begleitet von dem entsprechenden Ton die Buchstaben- und Ziffernfolge: ‚Halle 11:54 Uhr'. Die männliche Stimme sagt derweil: „In den vergangenen fünf Jahren hat die Stadt Halle knapp 500.000 Euro (...)" Schnitt. Ein neues Bild: Man sieht von schräg hinten zwei Frauen und einen Mann auf dem Bürgersteig offensichtlich zielgerichtet gehen. Die Stimme sagt weiter: „(...) Verwarngeld von Schwarzfahrern (...)" Schnitt. Man sieht von der Seite, wie eine der Frauen den Türöffnungsknopf einer Trambahn drückt und einsteigt. Die Stimme spricht weiter: „(...) kassiert. Einen Teil dieser Fahrgäste ohne Ticket haben die Kontrolleure Sabine,(...)" Schnitt. Man sieht von hinten, wie die zweite Frau in eine Trambahn einsteigt. Die Stimme fährt fort: „(...)Anett und Herbert ertappt". Schnitt. Die Musik, die in den drei letzten *takes* etwas in den Hintergrund gerückt war, wird wieder lauter. Man sieht, wie sich die Türen einer Trambahn schließen. Und man hört es: Die Türen schließen sich mit einem deutlichen Geräusch. Schnitt. Sprecherwechsel: Nicht mehr die Kamera spricht, sondern eine der Akteurinnen vor der Kamera. Eine der Kontrolleurinnen spricht nämlich zu einem Fahrgast. Es beginnt ganz offensichtlich ein neuer Sinnabschnitt.

Deshalb möchten wir uns im Weiteren diesen vier *takes* zuwenden. Erst einmal kann man leicht sehen und hören, dass diese vier *takes* eine Sinn-Einheit bilden, da sie sowohl mittels der Musik als auch mit Hilfe des gesprochenen Textes zusammengehalten werden. Obwohl die *takes* nicht auf den Satzbau geschnitten sind (also nicht mit einer Satzzäsur einhergehen), sondern eher zufällig, ist der gesprochene Text die Klammer, welche die *takes* zusammenhält. Die Stimme erzählt und die Kamera zeigt zu diesem Text einige Bilder, wobei sie vor allem die zwei Elemente ‚Trambahn' und ‚Kontrolleure' zeigt, aber noch keine ‚Schwarzfahrer'. Aufgrund der Maxime „Be relevant!", die auch und gerade für die Erstellung von Filmen und meist auch für Videos gilt, ist zu erraten, dass es im Weiteren um genau das, nämlich die Schwarzfahrer bzw. um irgendein Problem mit dem Schwarzfahren, gehen wird.

Mit dieser thematischen Fokussierung geht die Aktivierung von implizitem Hintergrundwissen einher. Einmal geht es um *Straßen*- oder *Trambahnen*. Straßenbahn sind schienengebundene, erst von Pferden gezogene, später dann fast immer elektrisch betriebene Transportmittel im Öffentlichen Personennahverkehr (ÖPNV, Stadtverkehr). Die Trambahn fuhr ursprünglich als innerstädtisches

Verkehrsmittel auf in der Straße verlegten Gleisen, fährt aber heute oft auch auf eigens für sie angelegten Trassen oder in Tunnels.

Bei dem Ort des Geschehens handelt es sich offensichtlich um die (ost-) deutsche Stadt *Halle* an der Saale. Halle ist die größte Stadt Sachsen-Anhalts (230.500 Einwohner) und eines der drei Oberzentren des Bundeslandes. Halle ist ein wichtiger Wirtschaftsstandort und eine Hochschulstadt (Martin-Luther-Universität Halle-Wittenberg und Leopoldina) und ist als Verkehrsknotenpunkt eingebunden in das S-Bahn-Netz Halle-Leipzig – all das kann man, wenn man es nicht weiß, über das Internet erfahren. Das Wissen um Halle ist auch dann der Darstellung implizit, wenn kein konkreter Interpret am Tisch über dieses Wissen aktuell verfügt. Wichtig ist, dass das Wissen in einer Sprach- und Interaktionsgemeinschaft mit Halle verbunden ist und im Wissensbestand einer der Deuter oder im Netz verfügbar ist.

Dort ist auch nachzulesen, dass Halle in der Geschichte der Trambahn eine besondere Stellung einnimmt. Im Jahr 1882 eröffnet nämlich die Hallesche Straßenbahn AG die erste Pferdetrambahn in Deutschland. Sieben Jahre später kauft die Firma AEG die Pferdebahn, erwirbt aus Amerika zugleich das Patent für elektrische Bahnen, rüstet um und 1891 ist Halle die erste Stadt in Europa, die über ein elektrisches Straßenbahnnetz verfügt. Im Jahr 1930 wird die erste Buslinie in Halle zugelassen und 1944 wird der Einheitstarif von 15 Pfennig eingeführt, der bis 1991 Bestand hatte. Ab 1963 erfolgt die Zahlung des Fahrgeldes durch Zahlboxen. Der Schaffnerbetrieb wird eingestellt und damit einhergehend ein kostengünstigeres Kontrolleursystem aufgebaut. All das und noch viel mehr kann man erfahren, wenn man das Wissen um ‚Halle' und ‚Trambahnen' vergrößert, ohne dass man vorab weiß (und auch nicht wissen muss), ob das Wissen später bei der Deutung nützlich sein wird.

5.3.2 Die Handlung des Zeigens: Dies ist ein Film

Schon bei der Interpretation, dass es hier um die Stadt Halle geht bzw. dass in Halle etwas stattfindet, das für die Kamera von Bedeutung, also zeigenswert ist, wird nicht nur Wissen, das dem Bild implizit ist, expliziert, sondern auch Wissen, das der Zeigegeste der Kamera implizit ist. Fast trivial ist die Schlussfolgerung, dass wir es, da es sich nicht um ein stehendes Bild, sondern um laufende Bilder, um die Aufnahmen einer (Video-)Kamera, handelt, mit einem Film zu tun haben. Diese Explikation ist sehr folgenreich, da jetzt all unser Wissen (bewusstes wie vages wie stummes) im Horizont auftaucht, über das wir zu den Themen ‚Kamera' und ‚Film' verfügen.

Sobald die Musik einsetzt, der *voice over*-Kommentar zu hören ist und die Buchstabenfolge ‚Halle' im Rhythmus einer Schreibmaschine auf dem Bild erscheint, machen wir das Wissen explizit, dass die Filmaufnahme nachbearbeitet wurde, dass Ton und Schrift nicht zum Zeitpunkt der Aufnahme mitaufgenommen wurden, da sie Teil der dokumentierten Szene waren, sondern dass hier das Filmmaterial später mit Handlungen ergänzt wurde, die nicht Teil des gezeigten Geschehens waren.

Der erste Schnitt macht klar, dass es offensichtlich zwei Zeiten gibt: Die Zeit der Ereignisse und die Zeit der Aufnahme. Letztere ist deutlich kürzer. Denn wir sehen die Trambahn ankommen, wir sehen dann (für etwa eine Sekunde) drei Menschen auf dem Bürgersteig gehen, wir sehen im nächsten *take* eine weibliche Person die *Vorder*tür der Bahn besteigen und dann, wie eine andere weibliche Person die *Hinter*tür der Bahn besteigt. Das Geschehen vor der Kamera, von dem die Kamera nur bestimmte Phasen zeigt, vervollständigt sich der Zuschauer mit Hilfe seiner Weltkenntnis zu der Lesart: Drei Kontrolleure betreten in Halle eine Trambahn, um ihrer Arbeit nachzugehen. Damit angesichts der Kontrolleure kein Schwarzfahrer unauffällig entweichen kann, betreten sie das Abteil gleichzeitig durch Vorder- und Hintertür.

Das Geschehen wird aber nicht als kontinuierlich dahin fließende Handlung gezeigt, sondern die Zeit ‚springt'. Von der ursprünglichen Handlung fehlen Teile, man sieht nur die Teile der Handlung, die für den Fortgang der Handlung einen Unterschied machen. Was wir durch die *takes* erfahren, erfolgt in einem Stakkato: Trambahn kommt, Kontrolleure kommen zur Bahn, eine Kontrolleurin steigt vorne ein, die andere hinten (was der dritte derweil macht, ist ausgeblendet). Der Zuschauer wird so schon auf eine ‚springende und sprunghafte Darstellung' eingestimmt. Ort und Zeit können sich binnen Sekundenbruchteile ändern. Er weiß, dass dies in Filmen so üblich ist. Er schaltet um vom normalen Raum-Zeit-Kontinuum zum filmischen Raum-Zeit-Kontinuum, in dem vieles möglich ist, was ansonsten den Gesetzen der Physik widerspricht. Er wechselt die Sinnprovinz. Er rahmt neu. Jetzt ist er im Film. Allerdings ist er bis jetzt in einem Film, der Teile der Zeit weglässt, also ausschneidet, aber ansonsten der ‚normalen' Zeitlinie folgt. Die Ereignisse folgten in dieser Reihenfolge aufeinander. Es gab bislang kein Springen in der Zeit oder ein Anhalten der Zeit.

Zu diesem „im Film sein" gehört auch, dass sich der Zuschauer nicht wirklich wundert, dass die Kamera die Vornamen der Kontrolleure kennt und letztere sogar mit ihren Vornahmen adressiert. Offensichtlich kennt man sich, man ist vertraut miteinander. Die Kontrolleure und die Kamera begegnen sich hier nicht zum ersten Mal, sondern man hat schon eine Geschichte miteinander, die der Zuschauer aber nicht kennt. Die Kenntnis der Vornamen verweist in einen seltsam dunklen Raum, den die Vorgeschichte des Filmes ausmacht. Man weiß nur, dass es eine Vorgeschichte gibt, jedoch nicht, wie diese aussah. Offensichtlich gibt es auch so eine Art Arbeitsbündnis zwischen Kamera und Kontrolleuren, die auf die Vorgeschichte zurückgeht.

Aber man kann sich auch das Handeln der Kamera ansehen und dabei Implizites explizit machen: Erst einmal kann man darüber spekulieren, wie viele Kameras das Geschehen verfolgen. Mag das erste *take* noch von einer Standkamera aufgezeichnet worden sein, so gilt das für die nachfolgenden *takes* nicht mehr. Die Kamera bewegt sich teilweise mit, so dass von einer Handkamera auszugehen ist. Da das Geschehen an der Vorder- und Hintertür aufgezeichnet wird, müssen entweder zwei Kameras vor Ort gewesen sein oder aber man hat den Trambahnfahrer gebeten, etwas zu warten, so dass es möglich war, beide Szenen zu drehen. Möglicherweise hat man also doch schon etwas die Zeit angehalten. Letzteres wäre ein Beleg dafür, dass die Kamera nicht das Geschehen ‚unsichtbar' begleitet und den Ereignissen ihren eigenen Lauf lässt, sondern dass die Kamera in das Geschehen vor der Kamera eingreift, Anweisungen gibt, es für ihre Zwecke neu (und anders) aufbereitet und herrichtet.

Dass die Kamera in das Geschehen auf diese Weise eingreift, wird bei der genaueren Betrachtung der Daten klar. Denn ganz offensichtlich hat die Kamera die Akteure vor der Kamera angewiesen, nicht in die Kamera zu blicken, sie nicht zu registrieren und so zu tun, als sei sie nicht vor Ort, obwohl sie vor Ort ist. Die Beobachteten verletzten gerade nicht die grundlegende 180°-Regel. So weist paradoxerweise gerade die Tilgung der Spuren, welche die Anwesenheit eine Kamera immer vor Ort verursacht, darauf hin, dass eine Kamera nicht nur anwesend, sondern inmitten des Geschehens ist. All dies zeigt, dass es bei den von uns untersuchten Daten auf sehr viel mehr zu achten gilt, als auf die Handlung vor der Kamera.

Offensichtlich greift die Kamera also auf vielfältige Weise und auf verschiedenen Ebenen in das Geschehen ein. Die Frage ist: Welcher Spur sollen wir folgen?

Um auf diese Frage eine Antwort zu finden, schien es uns ratsam, uns erst einmal einen Überblick zu verschaffen. Da die bisherige Analyse zeigte, dass mehrere *takes* zusammen einen Handlungszug bilden, machten wir uns daran, erst einmal einen Überblick über die einzelnen Handlungszüge zu gewinnen. Zu diesem Zweck erstellten wir eine kurze sprachliche Zusammenfassung der untersuchten Episode, in der die Handlungen vor der Kamera und die Kamerahandlung noch nicht strikt getrennt waren.

5.3.3   Kurzbeschreibung der Gesamtsequenz: Ein Hund fährt schwarz

Die Sequenz *Ein Hund fährt schwarz* beginnt mit einer vom Hintergrund in den Vordergrund des Bildschirms einfahrenden Schienentrambahn. Im Bild erscheint die Einblendung „Halle 11:54 Uhr" und der *voice over*-Kommentar führt in das Geschehen ein, der erklärt, dass die Stadt Halle in den letzten fünf Jahren

500.000 Euro Verwarngeld von schwarzfahrenden Fahrgästen kassiert habe und dass diese Schwarzfahrer u. a. von den Kontrolleuren Sabine, Anett und Herbert erwischt worden seien. Währenddessen beginnt die Fahrkartenkontrolle in der Trambahn durch die drei vorgestellten Kontrolleure. Der *voice over*-Kommentar begleitet das Geschehen mit der Erläuterung, wie viele Schwarzfahrer täglich von den Kontrolleuren erwischt werden, wie teuer ein Fahrschein ist und dass ebenso ein Bußgeld fällig wird, wenn Hundebesitzer keinen entsprechenden Fahrschein für ihren Hund gelöst haben.

Plötzlich richtet sich die Aufmerksamkeit der Kamera auf einen Dialog zwischen dem Kontrolleur Herbert und einen weiblichen Fahrgast, die in der Trambahn einen Welpen an einer Leine mitführt. Es hat den Anschein als entwickle sich zwischen diesen beiden Personen ein Konflikt, welcher sich auf den von der Dame mitgeführten Hund bezieht. Herbert erklärt der Frau, dass ihr Hund einen Kinderfahrschein brauche und auf ihre Nachfrage, wo diese Vorschrift zu finden sei, verweist er auf die Beförderungsbedingungen, welche als Schild neben der Frau an der Wand der Trambahn angebracht sind. Nachdem der Fahrgast das Vorhandensein dieser Vorschrift bezweifelt, eilt eine Kollegin Herbert zu Hilfe und bestätigt dessen Hinweis. Die Kamera zeigt den Abschnitt über die Beförderung von Hunden in Großaufnahme.

Während die Dame mit dem schwarzfahrenden Hund noch ihren Unmut darüber kundtut, dass Fahrräder im Gegensatz zu Hunden nicht zahlen müssen, füllt sie einen Zettel aus, den ihr der Kontrolleur überreicht hat. Herbert erklärt, dass Hunde nur dann keinen Fahrschein brauchen, wenn sie in einem entsprechenden Behältnis transportiert werden. Der Kontrolleur Herbert stellt währenddessen einen Strafschein aus und überreicht ihn dem weiblichen Fahrgast mit dem schwarzfahrenden Hund.

Weitere Fahrgäste nehmen zum aktuellen Geschehen Stellung, indem sie hinterfragen, warum die Frau mit Hund jetzt einen Strafschein erhält und bezweifeln, dass solch eine Regelung im Vergleich zur Transportfreiheit von Fahrrädern Sinn macht. Der Kontrolleur Herbert erwidert erneut, dass Hunde dann nicht bezahlt werden müssen, wenn sie in einem Behältnis transportiert werden und dementsprechend als Gepäck gelten. Außerdem erklärt er, dass es nicht um die Größe des Hundes, sondern vielmehr um die Sicherheit der Fahrgäste geht, falls der Hund beißen sollte. Der weibliche Fahrgast mit Hund nimmt schließlich den Bußgeldbescheid von Herbert entgegen.

Nach diesem Geschehen zeigt die Kamera eine jüngere Frau mit blonden Haaren, ebenfalls mit kleinem Hund, die scheinbar einige Reihen weiter in der gleichen Trambahn sitzt und das Geschehen mit dem schwarzfahrenden Hund beobachtet hat. Als sie die Kontrolleure erkennt, packt sie ihren Hund in eine Tasche auf ihrem Schoß. Eine der Kontrolleurin fragt die blonde Frau nach dem Fahrschein, woraufhin die Frau mit Hund in der Tasche ihn vorzeigt. Alles ist in Ordnung.

Die Kamera schwenkt nach diesem Ereignis nochmals auf den Fahrgast mit dem Hund in der Tasche, die erklärt, dass sie eben gesehen hat, dass es sich um Kontrolleure handelt und sie deshalb ihren Hund in die Tasche gepackt hat, da sie es nicht einsieht für ihren Hund einen Kinderfahrschein zu lösen.

Die Kamera steht in der Bahn vor der sich öffnenden Tür, die Kontrolleure steigen aus.

Außerhalb der Bahn erhält der Kontrolleur Herbert noch einmal die Möglichkeit, Stellung zum Geschehen in der Bahn zu nehmen. Er erklärt der Kamera, dass er den Vergleich zwischen dem Hund und den Fahrrädern durchaus verstehen kann und dass auch er nicht immer der Kontrolleur, sondern auch Fahrgast ist.

5.3.4 Ein Hund fährt schwarz – Überblick über die takes

Formalisiert man diese kurze sprachliche Darstellung und gliedert sie nach den *takes,* dann zeigt sich, dass die gesamte Episode in 33 *takes* aufgeteilt ist, die sich stichwortartig beschreiben lassen:

Film (Video) Dauer		24 Reportage (SAT1) – Cops & Kontrolleure - „Ticket für den Hund" 09:23:25 - 09:26:12 min. / Gesamt 03:14 min.
Take	Länge	Handlung
Take 1	9:23:26	Fahrende Straßenbahn (Halle, 11:54 Uhr)
Take 2	9:23:31	Drei Kontrolleure, gefilmt von hinten, gehen zur Haltestelle
Take 3	9:23:32	Tür öffnet sich, Kontrolleurin steigt ein
Take 4	9:23:37	Zweite Kontrolleurin steigt ein
Take 5	9:23:39	Türen schließen
Take 6	9:23:40	Kontrolleurin bittet um Fahrscheine, Schwenk auf Fahrgäste
Take 7	9:23:46	Schwenk auf die fahrende Bahn (Innenansicht), 2. Kontrolleurin bittet um Fahrscheine
Take 8	9:23:48	Kontrolle beginnt (1. Kontrolleurin)
Take 9	9:23:52	Schwenk auf Innenraum der Bahn, der dritte Kontrolleur bei der Arbeit
Take 10	9:24:03	Einblendung: Welpe aus Vogelperspektive
Take 11	9:24:08	Kontrolleur aus Froschperspektive (Diskussion mit Fahrgast)
Take 12	9:24:08	Einblendung Hundebesitzerin, frontale Ansicht
Take 13	9:24:12	Kontrolleur + Besitzerin schauen auf Beförderungsbedingungen
Take 14	9:24:14	Nahaufnahme Nutzungsbedingungen („Beförderung von Hunden")
Take 15	9:24:19	Welpe aus Vogelperspektive
Take 16	9:24:20	Frontalaufnahme Hundebesitzerin, Kontrolleur erklärt, warum der Bußzettel sein muss
Take 17	9:24:34	Frontalaufnahme Kontrolleur & Hundebesitzerin (macht ihrem Ärger Luft)
Take 18	9:24:39	Frontalaufnahme: Fahrgast gibt seine Meinung wider (Entfremdet)
Take 19	9:24:43	Hundebesitzerin, Kontrolleur + weitere Fahrgast, der nach der Regelung fragt
Take 20	9:24:46	Welpe aus Vogelperspektive
Take 21	9:24:49	Kontrolleur erklärt die Regelung (ist selbst nicht im Bild)
Take 22	9:25:11	Nahaufnahme Hundebesitzerin
Take 23	9:25:13	Ausstellung des Bußscheins

Take 24	9:25:16	Andere Hundebesitzerin packt ihren kleinen Hund in eine Tasche
Take 25	9:25:27	Kontrolleurin verlangt Fahrschein von der 2. Hundebesitzerin (kein Bußgeld)
Take 26	9:25:33	Zweite Besitzerin erklärt, warum sie ihren Hund in die Handtasche gesteckt hat – frontale Ansicht
Take 27	9:25:35	Schnitt auf Kontrolleurin, geht durch den Gang zu ihren Kollegen
Take 28	9:25:37	Zweite Hundebesitzerin erklärt weiter
Take 29	9:25:45	Türen öffnen sich an Haltestelle, Kontrolleure steigen aus
Take 30	9:25:48	Fahrgäste beim Ein- und Aussteigen
Take 31	9:25:50	Froschperspektive auf erste, verärgerte Hundebesitzerin
Take 32	9:25:54	Frontalaufnahme Kontrolleur, erklärt Hintergrund der Regelung und sein Verständnis für die Fahrgäste
Take 33	9:26:12	Schnitt zum anderen Schauplatz markiert Ende der „Kein Ticket für den Hund"-Episode

Verschiedene *takes* sind durch unterschiedliche Praktiken (*voice over*, Musik, Akteure etc.) miteinander verklammert, so dass sie jeweils übergreifende Sinn- und Handlungseinheiten bilden. Die *takes* eins bis fünf bilden eine Einheit, ebenfalls die von sechs bis acht, und die von neun bis dreiundzwanzig, von vierundzwanzig bis siebenundzwanzig, von achtundzwanzig bis einunddreißig und den Abschluss bildet *take* dreiundreißig.

5.3.5   Ein Hund fährt schwarz – Notationen des Videos

Videoanalysen zu lesen, ohne die dazu gehörenden Notationen zur Verfügung zu haben, ist wenig fruchtbar. Will man die Güte von Interpretationen beurteilen können, muss man die Notationen nämlich immer zur Hand haben. Leider sind Notationen in der Regel sehr umfangreich und sperrig, was immer dann ein ernstes Problem wird, wenn man Notationen dem jeweiligen Buchformat anpassen muss. Meist muss man sich dann mit abgespeckten Versionen von Notationen bescheiden, was dazu führt, dass dem Leser Wesentliches fehlt. Auch hier bietet die DVD akzeptable Lösungen: Man kann nämlich die Notationen auf ihr hinterlegen und so zugänglich machen. Da der VS-Verlag bereit war (Dank an die Verantwortlichen), dem Buch eine solche DVD beizufügen, können dort die jeweiligen Notationen eingesehen werden. Allerdings haben wir auch dort nicht alle Notationen hinterlegt, sondern aus Platzgründen nur die Notationen von den *drei* Handlungszügen, die für unsere Analyse von besonderer Bedeutung sind und auf die wir immer wieder Bezug nehmen.

Und es gibt eine weitere Besonderheit, die daraus resultiert, dass wir während unserer Analyse immer wieder mit der Beschaffenheit des Notationssystems experimentiert haben. Einerseits haben wir Sequenzen, die nach der weiter oben von uns selbst entwickelten Systematik, also mit HANOS (siehe Kap. 3.4) kodiert wurden. Dann konnten wir aber auch andererseits in Zusammenarbeit mit Christine Moritz einige Sequenzen auch nach dem System der *Feldpartitur* (Moritz 2010) verschriftlichen. Dabei wurden in Absprache mit Christine Moritz auch einige Kategorien der Notation HANOS geändert. Entstanden sind so zwei Notationen, die sehr unterschiedlich aussehen und bei der Analyse unterschiedliche Vorteile bieten und die miteinander verbunden für die Analyse sehr fruchtbar sind.

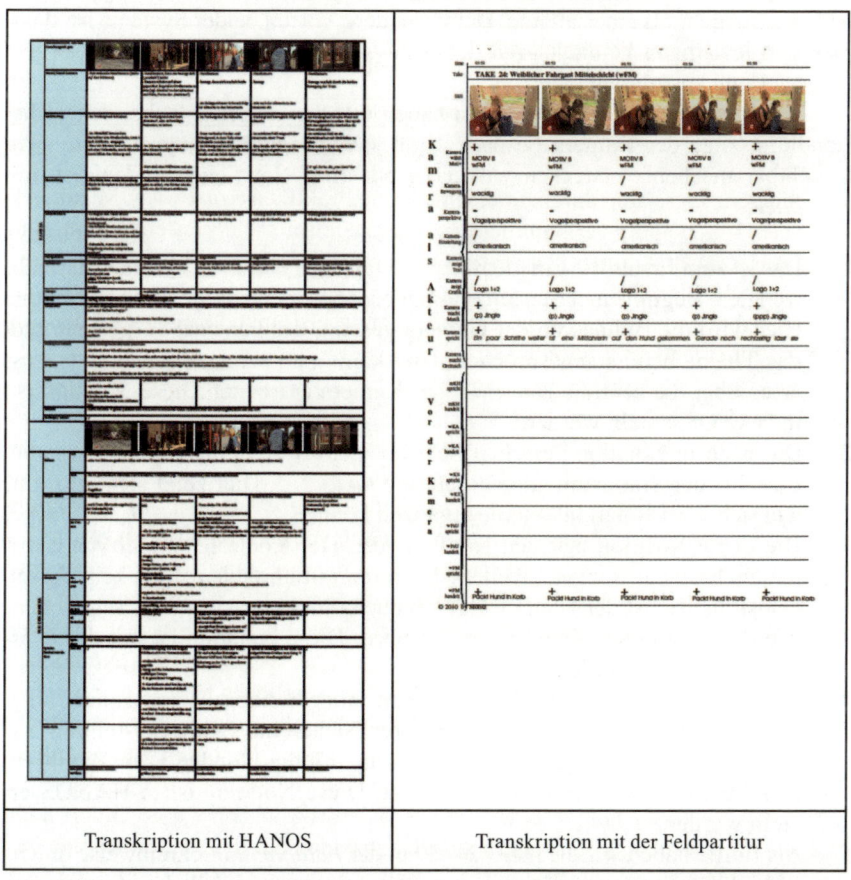

| Transkription mit HANOS | Transkription mit der Feldpartitur |

Ganz offensichtlich ist, wie man bereits dieser sehr kleinen Abbildung[17] entnehmen kann, die Notation der *Feldpartitur* abstrakter: sie arbeitet in ihrer jetzigen

---

[17] Der Leser/die Leserin können sich davon ein genaueres Bild machen, wenn sie die einzelnen Dokumente auf der angegebenen Homepage btrachten.

Form (Stand: Juli 2010) mehr mit vorab definierten (graphischen) codes, während HANOS mehr mit Fließtext das Geschehen beschreibt. Da die *Feldpartitur* sich gestalterischer Mittel bedient, ist sie *sinnlicher* als HANOS, das im Wesentlichen versucht, *,sinnhaft'* zu sein, also den ,Sinn' der gezeigten Handlungen zu beschreiben. Und ebenfalls ganz offensichtlich zeigt die Feldpartitur mehr die Prozesse und die Muster hinter den Einstellungen. Beide Systeme zusammen liefern also mehr als eines alleine. Der besondere Vorteil beider Systeme ist, dass man den jeweiligen Feinheitsgrad der Analyse variieren und auf die jeweilige Fragestellung abstimmen kann.

Bei der Auswahl der Notationen haben wir die ausgewählt, bei denen die Handlungszüge der Kamera besonders gut sichtbar sind, gerade weil sie sich unsichtbar machen, verstecken will. Folgende fünf Notationen finden sich im *webspace*:

1. Das ist zum Ersten die Einstiegssequenz (also die *takes* 1–5), einfach deshalb, weil dem Beginn einer Sequenz immer eine besondere Bedeutung zukommt: Hier wird die Bühne von der Kamera gesetzt, das Personal vorgestellt und das Thema bereits angesprochen. Hier kann man oft auch schon erste Lesarten über die zentrale Botschaft der Kamera erarbeiten.Diese Notation ist in HANOS erstellt worden.
2. Die nächste Notation verschriftlicht mit dem System der *Feldpartitur* die Einfahrt der Trambahn, also erneut die *takes* 1–5. Hier zeigt sich sehr gut, wie sich zwei Notationsysteme ergänzen können.
3. Die dritte Notation hält den Konflikt fest. Der Kontrolleur will von einer jungen Frau ein Bußgeld, weil sie für ihren mitfahrenden Hund kein Ticket gelöst hat. Es ist der Hauptteil der Sequenz und hier sieht man sehr schön, wie das Tempo der Kamera variiert wird. Diese Notation ist mit der *Feldpartitur* erstellt worden.
4. Als vierte haben wir die Notation von einer kleinen Zwischenhandlung aufgenommen, der jedoch aus unserer Sicht eine Schlüsselstellung zukommt (die *takes* 24–29). Es ist die Szene mit der blonden Frau, die ihren Hund rechtzeitig in ihrer Tasche packt. Diese Notation ist in HANOS erstellt worden.
5. Als fünfte haben wir die *takes* 24–29 in der *Feldpartitur*schreibweise hinterlegt. Hier kann man nicht nur sehr schön die unterschiedlichen Leistungen der beiden Notationssysteme sehen, sondern auch erkennen, wie hilfreich es ist, beide Verfahren miteinander zu verbinden.

5.3.6   Darstellung der hermeneutischen Ausdeutung der Sequenz

Soweit die Notationen der beiden Sequenzen, die in dieser Form, wie bereits weiter oben (Kap. 3.4) erläutert, zum einen Ergebnis der Interpretation sind, zum anderen aber die Interpretation erst ermöglicht, unterstützt, sensibilisiert haben. Anfangs bestanden die Notationen aus wenigen Beobachtungspunkten, die sich vor allem auf die Handlung vor der Kamera bezogen. Je weiter die Deutung fortschritt, desto mehr Beobachtungskategorien kamen hinzu und die nahmen vor allem das Tun der Kamera in den Blick. Will man die Ergebnisse der Deutungsarbeit darstellen, stellt sich erneut die Frage: Womit anfangen? Wir haben uns entschieden, die Darstellung mit der Interpretation dessen zu beginnen, was bei Analysen von Videos oft komplett ausfällt: Den Logos und der Musik. Dies auch deshalb, weil den Logos gleich in mehrfacher Weise Bedeutung zukommt und auch die Musik eine eigenständige Rolle übernimmt, die oft nicht aufgedeckt wird.

5.3.6.1   Das Logo

Getreu der hermeneutischen Maxime, dass alles, selbst das Kleinste, zu deuten ist, möchten wir uns im ersten Schritt der Darstellung der Interpretation in einem gesonderten Kapitel dem Element zuwenden, das zwar klein, dennoch in jedem Bild präsent ist – dem Logo. Davon gibt es in ‚unserer' Episode gleich zwei: Zum einen das Logo des Senders *SAT.1*, das die Form einer stilisierten Weltkugel aufweist (Piktogramm) und damit wohl den Anspruch erhebt, von außen und oben die Welt zu betrachten bzw. betrachten zu können. Da dieses Senderlogo allen Sendungen gemein ist, die vom Privatsender *SAT.1* ausgestrahlt werden und somit für die hier zur Rede stehende Sendung unspezifisch ist, soll hier auf die Interpretation des Logos verzichtet werden. Das andere Logo, das durchgängig auftaucht, ist das Logo der Sendung *24 Stunden Reportage*.

Das Logo *als Logo* zu deuten, heißt, das Logo als deutliches und sichtbares Erkennungszeichen zu verstehen. Meist besteht ein Logo aus einem grafisch gestalteten Wortzeichen oder einem Piktogramm, das ein Unternehmen oder eine Institution anzeigen soll. Die Gestaltung des Logos geht dabei nie auf Willkür und Zufall zurück, sondern auf Planung und Gestaltungswillen. Das Logo soll dabei in irgendeiner Form die (positiven) Eigenschaften des Unternehmens sinnfällig zum Ausdruck bringen. Deshalb sind Logos immer bedeutungsvoll – und zwar alles an ihnen; weshalb es Sinn macht, sich diese genauer anzusehen.

Dies bedeutet in einem zweiten Schritt, das Logo als *verdichtete Symbolisierung von Sinn* zu interpretieren. Das kreisförmige hellblaue Logo der *24 Stunden Reportage* ist in abgewandelter Form die gesamte Sendung hinweg am linken unteren Bildrand zu sehen. Damit wissen alle, die später reinschauen oder sich eine

Kopie dieser Sendung ansehen sofort, (a) welche Sendung sie sehen und (b) welcher Sender sie ausgestrahlt hat. Aber das Logo wird auch für andere Zwecke, nämlich für die Binnendifferenzierung genutzt, denn es markiert gleichermaßen die einzelnen Elemente der Sendung, wie die Vorschau auf die Sendung, den Vorspann der *24 Stunden Reportage*, die Vorschau auf die Sendung vor der Werbeunterbrechung und am Ende der Sendung den Abspann.

Das Logo erscheint also in der gesamten Sendung an unterschiedlichen Stellen und in unterschiedlichen Formen: Es gibt eine *statische* Form (das fest stehende Logo) und eine *dynamische* (das sich in Kreisbewegungen aufbauende Logo). Die Veränderungen des nicht statischen, sondern ständig dynamischen Logos sind gut in den nachstehenden Screenshots zu erkennen:

Das Grundmotiv des *statischen* Logos (vgl. http://www.sat1.de/ratgeber_magazine/24stunden/), wird dagegen, wenn auch in kleinerer Form am linken unteren Rand des Bildes permanent eingeblendet und hat folgende Gestalt:

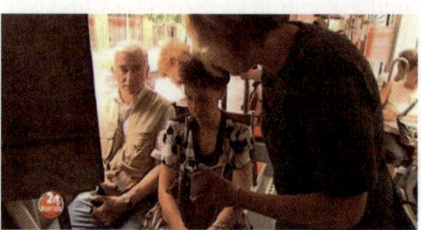 

Da dieses Letztgezeigte den entscheidenden Kern des Logos darstellt, wird es hier zu Anfang etwas ausführlicher gedeutet, sodass die Interpretation des statischen Logos in einem zweiten Schritt in die Interpretation des dynamischen Logos übergeht. Beginnt man mit dem prominentesten Teil des Logos, nämlich dem inneren roten Kreis mit der Beschriftung *24 Stunden Reportage,* fällt auf, dass die *24* neben den Worten *STUNDEN* und *Reportage* stark hervorgehoben ist. Dies geschieht durch eine größere und dickere Darstellung der Zahl *24*. Die Zahl *24* ist symbolisch aufgeladen, benennt sie doch im antiken Griechenland die Gesamtheit der Glieder der Himmel und die Anzahl der Buchstaben des griechischen Alphabets. Die Zahl 24 gilt in der Esoterik als die Zahl der großen Harmonie zwischen Himmel und Erde. Viele Internetadressen beinhalten die 24.

24 ist Titel einer Fernsehserie *(twentyfour)* und 24 Stunden sind ein Tag. Und genau um letztere Bedeutung, nämlich dass 24 Stunden den gesamten Tag des Menschen ausmachen, geht es hier. Dies deshalb, da in dem Querstrich der Ziffer *4* das Wort *STUNDEN* eingeschrieben ist. Ein weiterer Beleg für diese Lesart ist, dass auch die Kreise, die sich bei dem dynamischen Logo um die rote Mitte drehen, das Ziffernblatt einer Uhr darstellen, auf dem mit Hilfe eines Bildausschnitts eine bestimmte Uhrzeit angezeigt wird. Allerdings legt bereits das statische Logo durch die Hervorhebung der Zahl *24* nahe, dass es um etwas Vollständiges geht, um einen vollständigen Tag: Keinen Arbeitstag von acht Stunden, keinen Tag von Sonnenaufgang bis Sonnenuntergang, sondern um einen Tag mit 24 Stunden, Tag und Nacht – ohne Unterbrechung – und dies in jeder Folge der *24 Stunden Reportage* immer wieder. Es geht nicht um einen besonderen Tag, sondern um die Tage, die wie alle andern sind. Es geht um das *Immer-wieder* und um das *Lückenlose.* Immer wieder und lückenlos wird die Welt betrachtet und immer wieder und lückenlos ist das Reportage-Team bei der Arbeit. Und während die Zeit läuft, läuft auch die Kamera, die ganze Zeit, nichts entgeht ihr, nichts entkommt der Kamera. Die Kamera ist allgegenwärtig – in der Zeit und über der Zeit. Sie ist der Anfang und auch das Ende, weil sie Anfang und Ende sieht. Sie sieht alles, fokussiert jedoch mal dies, mal das. Sie *kann* alles sehen, *muss* aber nicht immer hinsehen.

Eine weitere Deutungslinie wird durch die Farbe *Rot* des Hintergrunds des Kreises eröffnet. *Rot* ist die Farbe von Warnsignalen (Verkehrsschildern), steht für Feuer, Leidenschaft und Liebe, aber ebenso für Wut und Aggression. Sie hat in vielen Kontexten eine besondere Bedeutung. Doch es gilt in jedem Fall: Diese Farbe zieht Aufmerksamkeit auf sich, ruft Aufmerksamkeit im Menschen hervor, alarmiert ihn. Ein Gedankenexperiment: Man hätte auch die Komplementärfarbe Grün wählen können – Grün als Farbe der Entspannung, der man in den Wartezimmern von Ärzten immer wieder begegnet. Doch offensichtlich geht es nicht um Entspannung, sondern um Aufmerksamkeit und Alarm. Es geht um komplette 24 Stunden, 24 Stunden, in denen beobachtet wird und in denen der Zuschauer etwas Aufregendes erleben kann.

Noch ein Wort zu den Kreisen, aus denen das Logo besteht: Das Logo baut sich in Kreisen auf. Der Kreis gilt in den unterschiedlichsten Kulturen u. a. als Symbol für Fruchtbarkeit, Gesamtheit, Einheit und Vollständigkeit, welche die o. a. Deutung der Zahl *24* unterstützt. Die Kreise, die den roten Kern des Logos umgeben, sind in hellblau vom Hintergrund abgesetzt – nicht nur dadurch, dass sie sich bewegen, sondern dadurch, dass der zweite Kreis von innen durch einzelne Striche, ähnlich einer Uhr, unterteilt ist. Betont wird dies durch Pfeile im dritten Kreis von innen. Diese weisen auf den inneren uhrenähnlichen Kreis (Ziffernblatt), als würde er unterschiedliche Zeitpunkte markieren – so als wolle man immer zu bestimmten Zeiten einmal (in die Welt) rein schauen und nicht einen kontinuierlichen Strom der Bilder zeigen.

Gerahmt wird dieses Ensemble durch einen abschließenden äußeren Kreis, der das Bild als Uhr vervollständigt und alle anderen beschriebenen Elemente einfasst. Dabei ist der Hintergrund nicht einfach weiß oder eintönig in Blau gehalten, sondern im Hintergrund durchmischen sich Hellblau und Weiß wellenförmig, so lange das Logo im Bild zu sehen ist. Diese wellenförmigen Bewegungen in Blau stehen im Kontrast zum Rot des inneren Kerns des Logos und betonen ihn damit. Man könnte an dieser Stelle sogar noch einen Schritt weitergehen und erklären, dass Wellen wiederum für das Unendliche stehen; wellenförmige Bewegungen weisen nicht nur eine gewisse Gleichförmigkeit auf, sondern sind bspw. am Strand regelmäßig und andauernd zu beobachten. Sie treten also in einer gewissen Regelmäßigkeit und Gleichförmigkeit auf, was erneut die oben beschriebene Lesart des Logos unterstützt, dass die Kamera regelmäßig und andauernd dem Geschehen 24 Stunden lang beiwohnt.[18]

Eine dritte Analyseebene eröffnet sich, wenn man nicht nur das Logo als Logo und nicht nur das Logo als Symbolisierung von Sinn deutet, sondern wenn man zudem die (permanente) *Anwesenheit* des Logos ausdeutet. Das Logo ist ständig im Bild zu sehen und damit wird zugleich ständig in Erinnerung gerufen, wer hier spricht, wer hier agiert, wer hier hinter der Kamera steht. Die Kamera dementiert gerade nicht ihre Anwesenheit, will sich nicht unsichtbar machen, sondern sie zeigt permanent Präsenz. Mit dieser Geste wird gerade nicht das Geschehen *vor* der Kamera betont, sondern die stete Rückverweisung betont den Autor und das Tun des Autors (hinter der Kamera) – also in unserer Perspektive: das Tun der Kamera. Deren Arbeit und deren Treiben ist die Botschaft. Sie, die Kamera nimmt immer wieder bestimmte Dinge in den Blick, wendet sich ihnen zu, deutet sie, bewertet sie, erzählt Dinge über sie. Dabei verliert sich die Kamera

---

[18] Zweifellos kann die Interpretation der Bestandteile des Logos noch in beachtlichem Maße weiter ausgeführt werden, allerdings liegt hierauf nicht der Schwerpunkt dieses Beitrages und daher liefert unsere hier vorgelegte Deutung nur einen Teil der Deutungsarbeit.

nie in das Geschehen um sie herum, sondern sie ist stets bei sich, unberührt, beherrscht die Welt dort draußen, sie ist die Unbewegte, die betrachtet.

5.3.6.2 Die von der Kamera eingespielte Musik

Ein zweites Element, das eine gewisse Konstanz hat, weil es immer wieder von der Kamera dem Geschehen unterlegt wird, ist ein bestimmtes Musikstück, das recht kurz ist und das immer wieder als eine Art musikalischer *voice over*-Kommentar eingespielt wird. Diese Musik, die keineswegs Hintergrundmusik ist, sondern eher erkennbar über die Ereignisse gelegt wird, ohne jedoch im Zentrum zu stehen, setzt sofort mit dem ersten *take* ein, und wird in der Episode vom schwarzfahrenden Hund mehrfach wiederholt. Wegen der Wiederholung erfüllt es die Funktion eines ‚Jingle'[19]. Jingles sind einfache ‚Klangelemente', die in audio-visuellen Produkten besondere Funktionen besitzen. So dienen sie oft als Erkennungsmelodie (man weiß, wo man jetzt ist), die am Anfang eingespielt wird. Oft kündigen sie aber auch die Unterbrechung einer Sendung an oder deren Wiederbeginn. Immer geben sie kund, dass etwas Bestimmtes (wieder) da ist.

Aber bei Jingles geht es nicht nur um Erkennen und Wiedererkennen, sondern auch (und das verbindet sie mit Logos) um Aussagen über die Eigenschaften des Angekündigten. Auch Musik vermittelt symbolisch Qualitäten, Sinn. Eine analytische Betrachtung[20] der musikalischen ‚Qualitäten' des Jingles gibt Hinweise auf diesen Sinn.

Der *Takt:* Ein 4/4-Takt mit starker Betonung der ‚1'. Wahrscheinlich also ein ‚Foxtrott'. Der daraus sich (für westliche Ohren) ergebende Eindruck/Ausdruck: stabil, fest, sicher, bodenständig.

Das *Tempo (Metrum):* 108 (Viertel-)Schläge pro Minute (allegretto), ein deutlich auskomponierter, durchgehender Puls. Der sich ergebende Eindruck: Kleinteiligkeit durch die vierfache Unterteilung des Taktes, mäßig-flotte Bewegtheit oberhalb eines gemäßigten Schritttempos evoziertden Eindruck von Unbeschwertheit: das Tempo zeigt dadurch eine gewisse Leichtigkeit, wirkt nicht schwer, nicht tief, schwer, sondern leichtfüßig, unbeschwert.

Die *Rhythmik:* Tänzerisch-rhythmische Elemente dominieren insgesamt in dieser Komposition die anderen Parameter. Das rhythmische Grundmotiv weist

---

[19] Diese Interpretation wird dadurch gefestigt, dass dieses Musikstück auch in den anderen Episoden im Hintergrund läuft, die von dem Arbeitstag der Hallenser Kontrolleure berichten. Insofern ist es die Erkennungsmelodie für diesen beobachteten Wirklichkeitsbereich.

[20] Alleine wären wir zu einer solchen Betrachtung und Analyse nicht fähig gewesen. Ohne die großzügige Hilfe von Christine Moritz (für die wir ganz herzlich danken) hätten wir nur sehr wenig gehört. Auch das ist ein Beleg dafür, dass es nützlich ist, bei der Analyse über viel Wissen zu verfügen.

dabei eine niedrige Komplexität auf, es besteht nur aus Achteln und Vierteln. In Bezug zu den auch ansonsten eher einfachen Strukturmerkmalen des Jingles entsteht auf diese Weise ein Eindruck des Nach-vorne-Drängens. Das rhythmische Motiv wirkt gleichzeitig durch die klanglich-tiefe Lage animierend, belebend bis hinein ins leicht Bedrohliche.

Die *Melodie:* Motivisch klar und einfach. Das einzige Motiv wurde in einer dauerhaften Pendelbewegung konsonant (praktisch keine Dissonanzen) und in der harmonischen Komposition im einfachen Liedschema[21] auskomponiert. Dieses Motiv wurde kontiunierlich, quasi als eine ‚Endlosschleife‘ angelegt. Daraus folgt der Eindruck: leichteingängig, langfristig statisch, durchgehend, unveränderlich, fixiert, konstant. Die geringe Ausprägung des Deklamatorischen führt auch zum Eindruck einer gewissen Entpersonifizierung. Subjekte erhalten in der historischen Musik oft ein eigenes, wiedererkennbares Motiv, um als ‚Personen‘, als menschlicheSubjekte, erkennbar zu sein.In diesem Jingle ist jedoch kein ausgeprägtes, charakterstarkes Motiv erkennbar.

Verwendete *Harmonien:* d-moll, a-moll, g-moll, arrangiert enstprechende der Melodie in endloser Wiederholung als „harmonisches Pendel“. Der dadurch entstehende Eindruck: leicht eingängig und verstehbar, einfach strukturiert. Auch Enge, Unausweichlichkeit, eher unausgeprägte Raumkomponente.

Die *Instrumentation:* Vermutlich wird die Musik auf einem Stahlsaiteninstrument (ein Banjo) bzw. dessen synthetischer Imitation gespielt. Im Hintergrund sind rhythmische Elemente zu hören (Maultrommel?). Stilistisch erinnert die Instrumentation entfernt an südstaatliche Musikelemente. Der verhältnismäßig obertonreiche, „hell“ wirkende Klang der Stahlsaiten wirkt dem rhythmisch eher dunklen Element in der eigentlich tiefen Tonlage entgegen – auf diese Weise entsteht ein belustigter, ironischer oder auch humorvoller Gesamteindruck.

Fazit: Die Musik hat in der hier untersuchten Sequenz mehrere Aufgaben: Zum einen erinnert sie – wie jeder Jingle – die Zuschauer immer daran, wo sie gerade sind, nämlich bei den drei Kontrolleuren aus Halle. Zum anderen deutet sie auf der affektiven Ebene das Geschehen als etwas Alltägliches, Leichtes, Normales, Nichtbedrohliches, das eher beschwingt endlos-beständig vor sich hin fließt, dabei humorvoll, auch anregend und unterhaltsam ist.

5.3.6.3   Die Interpretation der Sequenz

Fast alle Interpretationen von Bildern und Videos beginnen mit dem Offensichtlichsten: Der Oberfläche bzw. der Handlung vor der Kamera, die in den meisten

---

[21] Die Hauptfunktionen abendländischer Musik sind Tonika, Subdominante und Dominante – hier alle gesetzt in Moll.

Ausdeutungen im Vordergrund stehen. Aus diesem Grund möchten auch wir uns anfangs unter Berücksichtigung des in diesem Beitrag eingeführten Notationssystems diesem Aspekt zuwenden, allerdings wird der Schwerpunkt auf dem zweiten Schritt, nämlich der Handlung der Kamera, liegen. Es wird sich außerdem zeigen, dass beide Aspekte gar nicht unbedingt getrennt betrachtet werden können, sondern in einem engen Zusammenhang stehen.

5.3.6.3.1 Die Türen schließen sich, das Stück beginnt

Weiter oben hatten wir unsere Deutung mit dem Schließen der Trambahntüren beendet. Die Kontrolleure sind jetzt in dem Abteil. Dabei zeigte die Interpretation der Ereignisse bis zu diesem Punkt recht schnell, dass es hier nicht um die Dokumentation eines Geschehens in der Welt geht, sondern dass vor allem die Kamera dem Zuschauer etwas zeigen will. Was das genau war, konnten wir nicht erkennen, wir wussten auch nicht, was wir mit welcher Schärfentiefe betrachten und auslegen sollten.

Oder – um ein Bild zu entwerfen und auch zu nutzen: Wir fühlten uns wie in einem dichten Wald, vor uns zwar ein Weg, aber wohin dieser führte, das war uns verschlossen. Wir sahen die Bäume und Blätter nur von unten und ganz nah, versuchten uns aufgrund der Bäume ein Bild vom Wald und den Pfaden darin zu machen, uns zu orientieren, scheiterten aber an dieser Aufgabe. Das Einzige, was uns klar war, dass dieser Weg nicht zufällig angelegt war und dass – und das war der entscheidende Punkt – dieser Weg nicht durch die Interaktion der Akteure vor der Kamera geschaffen wird, sondern von der Kamera angelegt war. Der Pfad war kein Interaktionsprodukt, sondern ihm lag eine Konstruktion zugrunde, die für den Betrachter, während er betrachtet, nicht sichtbar ist, die sich aber zeigt, wenn man sich aus größerer Höhe dem Wald und seinen Pfaden zuwendet. Das veranlasste uns, erst einmal eine Zusammenschau über die gesamte Sequenz zu erstellen, um so die relevanten Handlungen überhaupt erkennen zu können.

Diese theoretische Erkenntnis, dass die Handlung sich nicht aus einer Dynamik ergibt, die jeweils von den Akteuren ausgehandelt wird, sondern aus einer ‚abstrakteren Ordnung‘, veranlasste uns also, den Pfad der Sequenzanalyse zu wählen und uns erst einmal einen Überblick zu verschaffen. Dieser Überblick zeigte uns, dass die Kamera mit demGezeigten eine Geschichte erzählte, nämlich die Geschichte vom schwarzfahrenden Hund. Aber dieser Überblick zeigte noch mehr. Er zeigte nämlich auch die Form dieser Geschichte. Um diese Aussage zu plausibilisieren, gehen wir wieder zurück zu dem letzten *take,* den wir betrachtet haben: dem Schließen der Trambahntüren.

Lange suchten wir bei der Interpretation nach der Bedeutung der sich schließenden Trambahntüren und des damit einhergehenden lauten Geräusches. Nahe liegend (und richtig) ist die Deutung, die Türen schlössen sich, weil die Bahn wieder anfahre.

Deshalb bedeuteten die Bilder, dass jetzt die Bahn anfährt. Das Anfahren der Bahn hätte man auch anders zeigen können, also z. B. durch Bilder von außen. Aber da sich die Kamera in der Bahn befindet (weil sie ja mit den Kontrolleuren eingestiegen ist), können sie nur den Fahrtbeginn mit dem Schießen der Tür anzeigen. Und im Übrigen ist das ein normaler logischer Schluss, vom Beginn (und Teil) einer Handlung auf den weiteren Verlauf (das Ganze) zu schließen und sowohl in der Wortsprache wie in der Bildsprache ist es üblich, mit der Figur pars pro toto zu arbeiten. Das ist die Deutung im Wald von unten, ganz nah an den Bäumen, Ästen und Blättern.

Wenn man diese Sicht verlässt und sich die bisherige Form der Kamerahandlung ansieht, dann erkennt man (noch mehr), (nämlich) dass ein Handlungszug der Kamera ganz offensichtlich sein Ende gefunden hat und etwas Neues beginnt: Nach dem Schließen der Türen spricht nämlich nicht mehr die Kamera, sondern die Akteure sprechen. Anscheinend verlagert sich der Fokus der Kamera: von der Kamera weg hin auf das Geschehen vor der Kamera.

Man kann die Suche nach weiteren Lesarten hier abbrechen, oder aber noch eine Stufe abstrakter werden – und hier hilft es sehr, wenn wir aufgrund des verschafften Überblicks wissen, dass es sich um eine mit Bildern erzählte *Geschichte* handelt. Man könnte dann auch die Lesart wagen, dass sich nicht nur die Trambahntüren schließen, sondern dass dieses Türenschließen symbolisch für das Schließen von Sinnwelten steht. Wir, die Betrachter, sind drinnen, die anderen sind draußen, hier spielt die Musik oder besser: Hier spielt das Stück. Das Schließen der Trambahntüren wäre funktional äquivalent dem Schließen von Kino- und Theatertüren. Und wenn sich die Türen schließen, dann beginnt das *eigentliche* Stück, dann beginnt die eigentliche Aufführung.

Wenn man dieser Lesart folgt, dann inszeniert die Kamera (so ein weiterer Schluss, der die logische Form einer qualitativen Induktion hat) ein *Theaterstück*, mit Charakteren, Problemen, Lösungen und Lehren. Und wenn man sich auf die

Lesart von dem Theaterstück einlässt, dann werden viele Einzelheiten verständlich, die vorher wenig Sinn machten – ein Muster wird erkennbar, man sieht, um die eingangs benutzte Metapher wieder aufzugreifen, den Wald, seine Begrenzungen, seine Pfade und wohin die Pfade führen.

Die Handlung der Kamera hat in dieser Interpretation einen bestimmten Aufbau, der gleichzeitig das Geschehen vor der Kamera gliedert. Der Aufbau der Sequenz *Ein Hund fährt schwarz* unterliegt in dieser Sicht einem bühnenstückartigen Aufbau aus Exposition, Hauptteil und Auflösung bzw. Schluss, was sich formal wie folgt darstellen lässt:

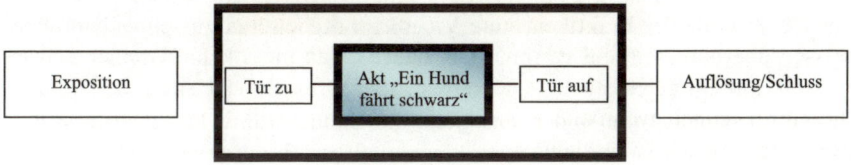

Abbildung Nr. 1   Formale Darstellungsweise des Aufbaus der Sequenz

Sich für eine solche Lesart zu entscheiden, hat für die weitere Interpretation gravierende Folgen. Alle Handlungen wären dann doppelt kodiert, sie hätten immer mindestens zwei Bedeutungen. Einmal in der Situation ganz handgreiflich und vordergründig (die Kontrolleure steigen ein, weil sie ihre Arbeit aufnehmen), und zum anderen haben die einzelnen Handlungen vor dem Hintergrund des ablaufenden Stückes bestimmte Funktionen (Exposition). Das Gezeigte bedeutet immer mehr als das, was man sieht.

Dies bedeutet für die Deutung der ausgewählten Sequenz: Im ersten Sinnabschnitt, also den *takes* eins bis fünf, wird in die Handlung der Trambahnkontrolle langsam eingeführt und eine Bühne für die weitere Handlung gesetzt. Dies erfolgt von dem ersten *take* an, in dem die Trambahn auf dem Bildschirm einfährt, bis zu dem *take,* in dem sich die Türen der Bahn schließen. Die Handlung vor der Kamera wird in den weiteren *takes* des ersten Sinnabschnittes spezifiziert, wobei der *voice over*-Kommentar das Geschehen vollendet abrundet und die sich schließenden Türen den Sinnabschnitt im wahrsten Sinne des Wortes schließen. An dieser Stelle wäre es vor dem Hintergrund der europäischen Dramentheorie sinnvoll, von einer Art informierender Eröffnung, also einer *Exposition* im Sinne Artistoteles' Dramentheorie zu sprechen (vgl. Aristoteles 1994, erläuternd auch Asmuth 2009: 130), welche den ersten Akt des klassischen Dramas darstellt.

Sobald man dieser ‚dramatisierenden‘, die Theatersprache benutzende Lesart folgt, unterscheidet sich die Deutung dieses Videos entscheidend von der Interpretation solcher Videos, die Amateure drehen, wenn sie die Hochzeit von

Freunden mittels Videokamera dokumentieren. Zwar liegt auch diesen Videos eine ‚dramatische' Struktur zugrunde, aber diese dramatische Struktur ist den Ereignissen (also der Hochzeit) inhärent, die abgefilmt werden. Hier läge der Fokus der Interpretation auf der Deutung der Ereignisse vor der Kamera. Verfolgt man die Lesart von dem Bühnenstück, dann ist man bei der Kamera und deren Tun und dann ist es auch hilfreich, etwas über den Aufbau von Bühnenstücken zu wissen. Dies im Übrigen nicht, weil angenommen werden kann, dass die Kamera bewusst ein Bühnenstück schreiben wollte, sondern weil die Menschen, welche die Kamera bedienen und die später die Bilder der Kamera montieren, dabei Mustern folgen, die sie entweder explizit gelernt haben oder die sie bei der Übernahme der Praktiken, gute Videos zu drehen und zu schneiden, ohne Wissen übernommen und verinnerlicht haben. Man muss keine Dramentheorie kennen, um ein gutes Stück zu schreiben, aber es macht viel Sinn, die Dramentheorie zu kennen, wenn man ein Bühnenstück deuten will. Erneut geht es darum, Implizites explizit zu machen.

Kleiner Exkurs zur europäischen Dramentheorie

Beginnen wir mit der Geschichte: Zentral für die klassische Dramentheorie des Aristoteles ist die Handlung. Mit *Handlung* ist allerdings nicht die kurzfristige Aktion einer Person, sondern vielmehr die Gesamthandlung eines Dramas gemeint, d.h. die ‚Verknüpfung von Begebenheiten' (vgl. Asmuth 2009: 5), was ebenso bereits in den ersten *takes* deutlich geworden ist: Es zählt nicht die einfahrende Trambahn alleine, sondern erst durch die Einbettung in das Gesamtgeschehen des ersten Sinnabschnitts erhält sie ihre Bedeutung (Exposition). Dies deckt sich im Übrigen mit der weiter oben formulierten Einsicht, dass Ausschnitte eines Videos immer Teile eines Mosaiks sind, und das ganze Bild deshalb nur dann sichtbar wird, wenn man zumindest andeutungsweise alle Teile kennt.

Eine entscheidende Weiterentwicklung erfährt die Dramaturgie des Klassischen, auf Aristoteles zurückgehenden Dramas im 19. Jahrhundert durch Gustav Freytag. In seinem Werk *Die Technik des Dramas* von 1863 entwirft er einen pyramidalen schematisierten Aufbau des Dramas unter Rückgriff auf das klassische und aristotelisch geprägte Drama, welches er in fünf Akte unterteilt. Entscheidend dabei ist auch für Freytag (wie für Aristoteles) die Einheit von der Handlung, Ort und Zeit. Den fünf Akten kamen dabei folgende Funktionen zu:

- Erster Akt: *Exposition* (vgl. Freytag 1863: 69). Hier wird der Zuschauende in Ort und Zeit der Handlung eingeführt und auf die Handlung durch eine Art Vorgeschichte zur Handlung und das Kennenlernen der Charaktere des Dramas vorbereitet. Bereits hier wird der Zuschauende auf den sich später vollziehenden Konflikt bzw. die Spannung hingewiesen (vgl. Asmuth 2009: 103).

- Zweiter Akt: *Erregender Moment* (vgl. Freytag 1863: 105 ff.). Hier finden die zukünftigen Verwicklungen der Handlung ihren Anstoß, dies kann bspw. in Form von Intrigen geschehen, die bereits das Geschehens in eine bestimmte Richtung lenken und die Spannung hin zum Ende steigt (vgl. Asmuth 2009: 107 ff.).
- Dritter Akt: *Höhepunkt* (vgl. Freytag 1863: 114). Hier findet sich die dramatische Wende der Handlung, in der es um Niederlage oder Sieg geht, was auch *Peripetie* (plötzlicher Umschwung) genannt wird (vgl. Popp 1980: 173).
- Vierter Akt: *Fallende Handlung* (vgl. Freytag 1863: 152). Zwar geht die Handlung hier bereits dem Ende zu, allerdings wird die Spannung noch einmal durch die Retardation (Verzögerung der Entwicklung der dramatischen Handlung) gesteigert und es könnte nochmals eine andere Lösung des Konflikts als die Erwartete erfolgen (vgl. Popp 1980: 173).
- Fünfter Akt: *Lösung des Konflikts,* wie beispielsweise durch die *Katastrophe* (vgl. Freytag 1863: 177) (vgl. Asmuth 2009: 130).

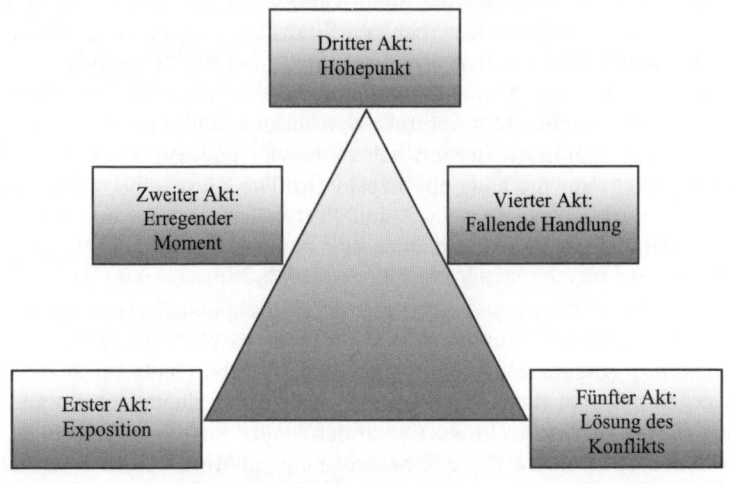

Abbildung Nr. 2 Pyramidaler Aufbau des Dramas nach Gustav Freytag

Bei diesem kleinen Exkurs zur europäischen Dramentheorie geht es (ebenso wie bei den anderen bereits vorher dargestellten Wissensbeständen) nicht darum, die Kategorien und Deutungen zu finden, die dann später an das Datenmaterial herangeführt werden. Es geht also nicht darum, die Daten „ins gemachte Bett" zu legen, und dann wie einst Prokrustes die Daten zu verkürzen oder zu überdehnen, sondern dieses ‚Aufrufen' von Wissen dient nur dazu, weitere Lesarten zu finden oder genauer – auch die Lesarten zu finden, die sich nur erschließen, wenn man etwas mehr über den untersuchten Gegenstand weiß. Es geht also um die Vermehrung von Weltwissen, nicht um die Vermehrung von Kontextwissen.

5.3.6.3.2 Die Frage: Fährt der Hund schwarz?

Zurück zu dem Geschehen in dem Trambahnabteil. Hier finden in den nächsten *takes* (*takes* sechs, sieben und acht), die ‚zukünftigen Verwicklungen der Handlung ihren Anstoß', denn sie zeigen erst einmal die Kontrolleurinnen bei der Arbeit. Alles scheint normal: Die Fahrgäste haben ein Ticket, die Kamera schaut gelassen dem Geschehen zu, sie hat keinen Grund einzugreifen.

Dann passiert in der Bahn etwas Ungewöhnliches. Die Stimme des männlichen Kontrolleurs, den wir jetzt nach dem Schnitt inmitten des Bildes sehen, klingt erregt. Eilig bewegt sich die Hand-Kamera auf das Geschehen zu. Dabei wackelt die Kamera so sehr, dass man den Eindruck gewinnt, der reale Kameramann gehe nicht mehr, sondern eile. Erstmals findet im Video eine verstärkte Dramatisierung statt. Die Kamera orientiert sich erst und ist dann inmitten eines bereits laufenden Disputs. Der Kontrolleur, offensichtlich Herbert, disputiert mit einem weiblichen Fahrgast. Herbert hält so etwas wie einen Block in der Hand und spricht erregt auf die Hundebesitzerin ein. Die Kamera schwenkt auf den kleinen Mischlingswelpen (großer Anteil Rottweiler), welcher auf dem Boden der Trambahn erst mit gesenktem Blick kauert, dann emporblickt. Um ihn geht es in dem Streit.

Schnitt. Die Kamera zeigt jetzt aus der Froschperspektive, oder genauer: aus der Perspektive des Hundes den Kontrolleur in Großaufnahme. Letzterer nimmt fast das gesamte Bild ein (= machtvoll). Unten rechts im Bild (also in die Ecke gedrängt) ist das angeschnittene Gesicht der Hundehalterin zu sehen. So sind im Bild direkt die Proportionen der Macht zwischen Kontrolleur und Fahrgast gezeigt. Inmitten des Bildes sieht man im Hintergrund einen männlichen Fahrgast, dessen Gesicht mittels ‚Vernebelung' unkenntlich gemacht wurde. Der Kontrolleur erklärt in Richtung der Kamera, dass der Hund einen Kinderfahrschein braucht, was als Untertitel eingeblendet wird. Obwohl der Kontrolleur *nicht* mit dem weiblichen Fahrgast spricht, sondern mit der Kamera, fragt die Hundehalterin patzig: „Ach ja. Wo steht das?" Der knappe Disput taucht in Textform im Bild auf. Möglichweise glaubt die Kamera, der Wortwechsel sei wegen des Dialekts der Sprechenden oder der lauten Nebengeräusche für den Zuschauer nicht deutlich verstehbar. Herbert, der Kontrolleur, erwidert auf die Frage der

Hundehalterin, die jetzt in amerikanischer Einstellung (Hüfte aufwärts) zu sehen ist: „Beförderungsbedingungen", woraufhin diese erwidert: „Ach ja und wo ist die?" Langer Blick der Kamera von halb unten auf die Hundehalterin (Hüfte aufwärts). Diese ist ca. Mitte zwanzig, trägt eine dunkelblonde Kurzhaarfrisur und ein schwarzes Sweatshirt mit einer Art Graffiti-Zeichnung in Form eines Schädels auf der Brust. Die linke Hand hält die Hundekette. Herbert deutet auf die Tafel neben der Hundehalterin, diese blickt skeptisch darauf und sagt: „Steht nicht da." Ausdrucksstark die Bildkadrierung an dieser Stelle: Die Streitpositionen sind vereint vor der Beförderungsbedinungstafel. Erneut zeigt die Kamera mit den Bildproportionen auch die Machtproportionen: Die Gesichter sind angeschnitten – unten links der verlierende Fahrgast, Blick nach oben rechts. Rechts oben auch das angeschnittene Gesicht des Kontrolleurs. Er lächelt. Eine der Kolleginnen von Herbert, die jetzt ebenfalls zur Szene hinzugekommen ist, erklärt: „Doch die Hunde stehen mit drauf. Gucke ma." Im nächsten *take* ist die Tafel mit der Beförderungsbedingung von Hunden in Großaufnahme zu sehen:

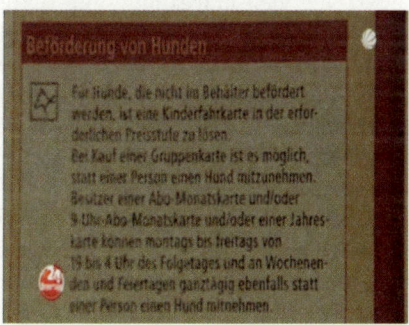

Etwa fünf Sekunden ruht der Blick der Kamera auf den Beförderungsbedingungen, dann zeigt sie im nächsten *take* wieder den kleinen Rottweiler-Mischling am Boden der Bahn: Er trägt ein blaues Halsband, die schmale Kette daran ist angezogen.

Während der Kontrolleur Herbert im nächsten *take* erklärt, „Hunde brauchen laut Beförderungsbedingungen …" spricht der weibliche Fahrgast erregt zu anderen Fahrgästen auf der Seite: „Fahrräder müssen nicht zahlen, aber der Hund schon. Das ist doch gaga." Nur die Stellungnahme der kurzhaarigen Hundehalterin wird als Text in Form eines Untertitels eingeblendet, die Worte von Herbert jedoch nicht. Im nächsten *take* nimmt die Kamera wieder Herbert in den Fokus, während die Hundehalterin am rechten Rand des Bildes den zu Anfang erhaltenen Block ausfüllt – wahrscheinlich notiert sie ihre Adresse.

Der Kontrolleur setzt von neuem eine Erklärung an, die nun auch als Text im Bild erscheint: „Wenn der Hund in einem Behälter ist, dann brauchen die keinen Fahrschein. Aber wenn es so ist wie jetzt hier … dann sagen die eindeutig, dann braucht der Hund ʼnen Fahrschein." Interessant ist hier, das die Texteinblendung vom Gesagten abweicht, denn es wird ‚wirklichʻ gesagt: „Hunde müssen in einen Behälter, ansonsten brauchen sie einen Fahrschein". All dies erfasst die Kamera aus der Frosch- bzw. Hundeperspektive, während im anschließenden *take* der Rottweiler-Welpe wieder von oben, aus der Perspektive des Kontrolleurs erfolgt. Ein anderer weiblicher Fahrgast, der das Geschehen offensichtlich aus der Nähe verfolgt hat, mischt sich ein: „Für was eigentlich?" Die Hundehalterin fährt derweil fort: „Aber Fahrräder, Kinderwagen und Doppelkinderwagen, das passt …". Erneut wird ihr Beitrag als Text in das Bild eingeblendet. Die Hundehalterin ist sehr verärgert und erregt: Sie fuchtelt mit ihrem rechten Arm in der Luft. Offensichtlich weigert sie sich zunächst, die Regelung, dass Hunde einen Kinderfahrschein lösen müssen, zu akzeptieren und wird dabei von den anderen Fahrgästen bestärkt. So findet eine Art Mehrheitsentrüstung statt. Herbert gerät in Not, weil er mit seiner Sicht der Dinge alleine steht. Die Situation ist angespannt. Spannung liegt in der Luft. Die Hundehalterin schaut Herbert direkt an.

Herbert beugt seinen Kopf um den Block in seiner Hand besser sehen zu können und stellt trotz des starken Protests der Fahrgäste im Abteil einen ‚Strafzettelʻ aus und überreicht diesen der Hundehalterin. Diese reagiert darauf mit einem resignierten: „Alles klar."

Herbert hat gesiegt: die Besitzerin des Rottweiler-Mischlings ist trotz öffentlicher Unterstützung gezwungen, den Bußgeldbescheid anzunehmen und die Strafe zu bezahlen. *Sie muss also, um das noch einmal klar zu machen, nicht einen Kinderfahrschein nachlösen, sondern sie muss 40 Euro Bußgeld zahlen, weil der Hund schwarz gefahren ist.* Eine Niederlage für den Fahrgast, aber ein Sieg für den Fahrkartenkontrolleur. Der Sieg war anfangs keineswegs sicher, stand Herbert doch alleine. Erst der Aushang der Beförderungsbedingungen auf einer Tafel in der Trambahn wendete das Blatt. Die Hundehalterin akzeptiert, wenn auch zähneknirschend, sie gibt sich geschlagen. Sie scheint zahlen zu wollen. Schnitt.

5.3.6.3.3 Der Konflikt: Ist es rechtens, dass ein Hund einen Fahrausweis braucht?

Ist das gerecht? Und: Ist es rechtens, dass ein Hund oder genauer ein *kleiner* Hund einen Fahrschein lösen muss? Ist ein kleiner Hund ein Fahrgast oder ist er so etwas wie Gepäck, das ja auch kostenfrei mitgenommen werden darf? Das ist die Frage, oder anders: Das ist der gesellschaftliche Konflikt, der hier an einem Beispiel des kleinen Rottweiler-Welpen auftaucht und der situativ gelöst werden muss.

Ohne Zweifel handelt es sich hier um ein kleines Problem, das nicht so viele betrifft. Aus soziologischer Sicht und natürlich auch aus Sicht der Verkehrsbetriebe ist das jedoch keinesfalls ein kleines und schon gar nicht ein triviales Problem, sondern eines, das auch die Grundlagen des deutschen Persönlichkeitsrechts berührt. Dieses Problem ist auf zwei Ebenen angesiedelt und thematisiert somit zwei Fragen: Einmal auf der *sachlichen/rechtlichen* Ebene, wo die Frage zu klären ist, ob für Hunde zur Person gehören oder sie Sachen oder Mitgeschöpfe[22] sind, für die zu zahlen ist, und einmal auf der *grundsätzlichen* Ebene, wo die Frage zu klären ist, was man in der Alltagspraxis macht, wenn die Buchstaben des Gesetzes mit dem Rechtsempfinden im Alltag nicht in Einklang zu bringen sind.

Die erste sachliche oder rechtliche Frage ist, *was* die Verkehrsbetriebe eigentlich *wem* verkaufen. Zahlt der Fahrgast dafür, dass er als *Person* (mit allem, was zu einer Person gehört, also mit Gepäck und Hund) über eine bestimmte Strecke befördert wird, oder zahlt er einen bestimmten Kubikmeterpreis, also zahlt er dafür, dass er einen bestimmten *begrenzten* Raum für eine bestimmte Zeit einnehmen darf. Geht es um die Person, dann fragt sich, was zu einer Person legitimerweise dazu gehört. Gehört ein Hund bei jeder Person dazu (wie z. B. ein Laptop oder ein Koffer)oder gehört ein Hund nur bei blinden Menschen dazu? Ist der Hund ein Art ‚Person' oder eine Sache, für die Entgeld entrichtet werde muss. Und wenn man für den Hund einen Kinderfahrschein lösen muss, ist er dann eine Person und darf er dann Gepäck bei sich haben?

---

[22] Der Hund taucht erst 1810 in der preußischen Gesetzgebung auf. Zuvor wurden Hunde lediglich in Jagdregelungen erwähnt, wo sie allerdings auf einer Ebene mit *Jagdwaffen* genannt wurden. Seit 1810 aber gibt es eine Art „Hundesteuer", damals „Luxussteuer", genannt. Wer sich Hunde als Haustier und nicht nur als Nutztier hielt, sollte dafür zahlen. Große Beachtung fand der Hund im ersten Tierschutzgesetz von 1871, denn im Deutschen Kaiserreich durften Hunde nicht unnötig in den Öffentlichkeit gequält werden, weil dies auf Zuschauer abstoßend wirken kann. Es wurden also mehr die Menschen geschützt als die Tiere. Eine Aktualisierung des Tierschutzgesetzes fand in der Bundesrepublik 1972 statt. Das Tier wurde dort als ein schützenswertes „Mitgeschöpf" aufgefasst. Im BGB sind (seit 1990) Tiere unter Abschnitt 2 §90a zusammen mit *Sachen* aufgeführt: „Tiere sind keine Sachen. Sie werden durch besondere Gesetze geschützt. Auf sie sind die für Sachen geltenden Vorschriften entsprechend anzuwenden, soweit nicht etwas anderes bestimmt ist". Seit 2001 gibt es eine Tierschutz-Hundeverordnung. Im selben Jahr hat der MDV (der Verkehrsverbund, dem die Hallesche Bahn angehört) seine Beförderungsbedingungen dahin gehend geändert, dass Hunde nun ein Ticket brauchen. Hier wird das Tier in einem Abschnitt mit Sachgütern behandelt. Die Hallesche Verkehrs AG teilte uns auf Anfrage Folgendes mit: „In den Tarifbestimmungen und Beförderungsbedingungen § 8 des MDV ist die Mitnahme von Sachen und Tieren seit der Einführung des mitteldeutschen Verkehrsverbundes (MDV) im Jahr 2001 eindeutig geregelt. Für Hunde, die nicht im Behälter befördert werden, ist eine Einzelfahrkarte Kind oder ein Abschnitt der 4 Fahrtenkarte Kind zu entwerten." Einheitliche Beförderungsbedingungen für Hunde in deutschen Bussen und Bahnen gibt es bisher allerdings nicht: Die Verkehrsbetriebe entscheiden über ihre Beförderungsbedingungen selbst. Der VRR z. B. lässt Hunde kostenlos mitfahren.

Aber wenn es um die *Kubikmeter* geht, also letztlich um den in Anspruch genommenen*Raum* und nicht die Person, dann ist auf einmal die Größe des Hundes entscheidend und nicht die Frage, ob er in einer Tasche transportiert wird, die ja zur Person gehört. Aber wenn der Raum zählt, dann ist auf einmal die körperliche Ausdehnung des Fahrgastes von Belang, dann müssten sehr korpulente Gäste zwei Fahrscheine lösen – eine Praxis, die man bei einigen Fluglinien findet.

Kurz: In den Beförderungsbedingungen finden sich zwei, sich nicht immer zur Deckung bringen lassende Logiken: Die der Person und deren Rechte und die des begrenzten Raumes. Beide Logiken müssen in der alltäglichen Praxis immer wieder fallspezifisch ‚gelöst' werden, ohne dass der Widerspruch selbst ganz zu beseitigen ist. Solche Situationen sind im Alltag nun nicht die Ausnahme, sondern die Regel: Immer wieder passiert es, dass die Situation nicht restlos geklärt ist und dann müssen die Akteure immer wieder vor Ort in Kenntnis der gesamten Situation entscheiden, wie sie verschiedene sich widersprechende Handlungslogiken situativ auflösen. Das ist nicht einfach und fordert von den Beteiligten eine hohe kommunikative Kompetenz und auch eine hohe Sensibilität für die Erfordernisse der Situation.

Die Vermischung zweier sich widersprechenden Beurteilungsmaßstäbe, das ist die eine Ebene des Konflikts. Aber es gibt noch eine andere – und die ist wahrscheinlich noch brisanter, weil sie grundsätzlicher und alltäglicher ist: Gemeint ist das Spannungsverhältnis von gesetztem Recht und gefühlter Legitimität. Vieles im Alltag ist nicht nur von Normen geregelt, sondern auch von (alten wie neuen) Gesetzen. Sie schreiben vor, was im Einzelnen zu tun ist. Hier sagen die Buchstaben des Gesetzesdas Richtige. Im Idealfall sagen die Buchstaben des Gesetzes das, was alle als rechtens empfinden, also z. B. dass man bezahlen muss, wenn man von der Trambahn befördert werden will. Das erscheint allen gerecht zu sein. Dann ist die Zustimmung zum Gesetz nicht nur formal, sondern sie kommt von innen, dann wird das Recht von allen getragen. Dann gründet Legalität auf einem normativen Fundament, das alle verbindet und alle bindet. Das Legale wird auch als legitim empfunden.

Neben dem geschriebenen Gesetz gibt es aber im Alltag immer auch das, was irgendeine Mehrheit der Gesellschaft für rechtens hält, von dem sie glaubt, dass es trotz des gesetzten Rechts eigentlich erlaubt ist, dass es *legitim* ist. Sie halten es z. B. für legitim, in der Trambahn für kleine Hunde nicht zahlen zu müssen. Geschriebene Rechtsordnung und subjektives Rechtsempfinden fallen im Alltag nun oft auseinander, sind oft zwei Paar Schuhe – sei es, weil das Gesetz etwas Neues gegen den *Common-Sense* durchsetzen will (z. B. Frauen-Quote), sei es, weil das Gesetz weit hinter der Wirklichkeit herhinkt. Der *Common-Sense* tendiert dazu, konservativ zu sein. Manchmal jedoch, insbesondere wenn es um die Veränderung der Wirklichkeit aufgrund neuer Medien geht, hat der *Common-Sense* bereits neue Lösungen für neue Probleme gefunden, für die es noch keine rechtlichen Regelungen gibt. Insofern ist das Auseinanderfallen von Rechtsordnung und Rechtsgefühl, von Legalität und Legitimität, ein guter Indikator für gesellschaftlichen Wandel. Weil Rechtsgefühl und Rechtsordnung meist oft in einem Spannungsverhältnis zueinander stehen, schafft diese Spannung oft den Raum und die Möglichkeit für Neues, für Reformen, für Änderungen des Rechts. Je weiter Rechtsordnung und Rechtsempfinden auseinander liegen, desto größer ist die Unklarheit, was zu tun ist, desto mehr muss vor Ort ausgehandelt werden.

Für die Hallenser Verkehrsbetriebe (HAVAG) ist die Sache klar, hat sie doch in ihren Beförderungsbedingungen in § 7 unter der Überschrift ‚Mitnahme von Sachen und Tieren' geregelt (vgl. www.havag.com/uploads/36fd979d6df6ada43f 6c6e12d145c2c6.pdf). Dort heißt es: „Fahrgäste mit einer gültigen Fahrkarte sind berechtigt, jeweils
► 1 Paar Ski/Snowboard oder
► 1 Rodelschlitten oder
► 1 Gepäckstück (Handgepäck)* oder
► 1 kleines Tier im Behälter
unentgeltlich mitzunehmen. Kinderwagen werden generell unentgeltlich befördert."

Was dabei als Handgepäck zu gelten hat, wird ebenfalls klar definiert: „*Als Handgepäck gelten leicht tragbare Gegenstände, die in ihrer Form und Größe und durch die Bauart der Fahrzeuge eine Unterbringung unter oder über dem Sitzplatz des Fahrgastes bzw. auf dessen Schoß ermöglichen. Für jedes weitere Gepäckstück und größere Gegenstände (z.B. Postzustellwagen) ist eine Einzelfahrkarte Kind oder ein Abschnitt der 4-Fahrtenkarte für Kinder in der erforderlichen Preisstufe zu entwerten. Für Hunde, die nicht im Behälter befördert werden, ist eine Einzelfahrkarte Kind, ein Abschnitt der 4-Fahrtenkarte für Kinder, eine Tageskarte Kind oder eine sonstige Zeitkarte für jedermann (Normaltarif) in der erforderlichen Preisstufe zu lösen."

5.3.6.3.4 Die Kamera dramatisiert

Damit ist klar, was die Hallenser Trambahn zur Beförderung von Hunden sagt. Sie behandelt kleine Hunde als „kleines Tier" und wenn es nicht in einem Behälter ist, dann muss der Hundehalter dafür ein Kinderticket lösen. Tut er das nicht, fährt der Hund schwarz. Die Akteure vor der Kamera, zumindest die in der Trambahn, sehen das jedoch anders, sie äußern sich dazu (wenn auch unterschiedlich), sie tragen Argumente vor, sie streiten sich.

Doch was tut die Kamera in dieser Situation? Studiert sie das Geschehen vor Ort und zeigt genau, wie sich die Akteure benehmen? Liefert sie gar eine kleine soziologische Studie über alltägliche Konfliktbearbeitung? Hält sie sich zurück und lässt sie nur die Akteure tun, was diese tun wollen? Bleibt sie unsichtbar? Bleibt sie neutral oder nimmt sie Stellung? Ein Blick auf die Ereignisse soll diese Fragen beantworten helfen. Dabei machen wir erneut das Implizite explizit.

Auf den ersten Blick scheint alles in Ordnung zu sein. Die Reihenfolge der einzelnen Handlungszüge ist stimmig: Der Kontrolleur fragt die Hundehalterin nach dem Ticket für den Hund. Die bekundet, kein Ticket zu besitzen. Herbert greift zum Block mit den Bußgeldquittungen. Hier fährt ein Hund schwarz. Hier ist ein Bußgeld fällig. Hier kommen die Kamera (und der Zuschauer) hinzu. Alles Weitere ist bekannt (siehe oben).

Was macht die Kamera dabei? Sie wählt aus und fragt dabei: Was ist wichtig? Welche Personen müssen im Zentrum der Aufnahme liegen? Welche Personen interessieren überhaupt nicht und können weggelassen werden? Nach dieser Beurteilung fängt sie dann die Bilder ein. Sie zoomt das an, was ihr wichtig erscheint, blendet das aus, was für sie die Handlung nicht entscheidend beeinflusst.

Schon bekannt ist (da weiter oben gezeigt), dass sie für den Zuschauer die Ereignisse erklärt und erläutert. Das tut sie durch *voice over*-Kommentare und in der hier behandelten Szene auch mit Einblendungen von Text, der die (unverständlichen) Worte der Akteure für den Zuschauer verständlich machen soll. Auf den ersten Blick mag dies als Unterstützung der Zuschauer zum besseren Verständnis der Handlung interpretiert werden, doch bei genauerem Hinsehen fällt auf, dass die Kamera eine eigene Geschichte strickt.

Denn sie legt durch ihre selektive Vertextung des Gesagten auch fest, was wichtig und entscheidend ist, also dass bestimmte Worte so bedeutsam für die Geschichte sind, dass man sie nicht verpassen darf. Die Kamera setzt hier eigene Akzente und ordnet das Geschehen auf eigene Weise.

Auf diesen ‚Trick' sind wir schon früher gestoßen, nämlich als die Kamera im Handlungszug vorher ins Bild einblendete „Halle, 11:54 Uhr" als sei es überaus wichtig und entscheidend, dass wir genau 11:54 Uhr und nicht 11:53 Uhr oder 11:55 Uhr haben, wenn die Kontrolle in der Trambahn in Halle beginnt. Hier ist man genau, weil das Dokument und Dokumentation Genauigkeit verlangt. Die Kamera nimmt es genau, interessiert sich für die Korrektheit und Genauigkeit der Angaben, will augenscheinlich genau dokumentieren und durch solche Einblendungen Authentizität herstellen.

Damit sind aber nur die Handlungen der Kamera im Blick, die in der Nachbearbeitungszeit liegen. Doch wie wir bereits im Handlungszug zuvor feststellten, greift die Kamera (nicht nur durch ihre Anwesenheit) in den Lauf der Dinge ein. Auch das ist erkennbar. Denn sie hält nicht einfach auf das Geschehen drauf, sondern gestaltet das Geschehen bereits während der Aufnahme- was man jedoch erst sieht, wenn man sich die Aufnahmesituation und die Situation der Aufnahme konkret vorstellt. Besonders sichtbar wird das in den *Schuss-Gegenschuss-Einstellungen* bei dem Duell zwischen Rottweiler-Welpe und Kontrolleur. Die Kamera zeigt das Geschehen jeweils aus einer bestimmten Perspektive. Der Hund wird beispielsweise *von oben* aus der Perspektive des Kontrolleurs aufgenommen und erscheint auf diese Weise klein und verletzlich, während im nächsten *take* der Kontrolleur Herbert aus einer (sehr extremen) Sicht von unten, aus der Perspektive des Hundes gezeigt. Stellt man sich einmal vor, was in der Bahn passiert sein muss, damit ein solches Bild zustande kommen kann. Der Kameramann mit der Handkamera muss sich auf den Boden legen, die Fahrgäste müssen zur Seite treten, die Beteiligten müssen mit ihren Beiträgen warten oder erneut ansetzen, kurz: Die Ereignisse werden massiv unterbrochen und müssen wieder aufgenommen werden. Sinnvoll wird diese Schuss-Gegenschuss-Einstellung, weil die Kamera so einen scheinbaren Dialog zwischen dem Hund und dem Kontrolleur inszeniert, die zueinander – wie die Perspektiven – im Gegensatz zu stehen scheinen. Dies fällt deswegen auch deshalb besonders auf, da die bisherigen Aufnahmen der Sequenz in Augenhöhe erfolgten und der Perspektivenwechsel sehr plötzlich auftritt. Was diese Schuss-Gegenschuss-Einstellung bewirken soll, ist wohl eine Dramatisierung der Ereignisse für den Zuschauer. Insofern stehen diese Mittel im Interesse der Zuschauer und nicht im Interesse der Akteure vor der Kamera. Die Kamera, so das Fazit, folgt nicht den Ereignissen, sondern sie tut nur so. Tatsächlich greift sie im Interesse des Zuschauers ein und ändert damit den Ablauf.

5.3.6.3.5 Die Kamera lügt!

Im nächsten *take* zeigt die Kamera aus der Nähe eine jüngere Frau mit blonden Haaren. Offensichtlich hat sich die Kamera selbstständig gemacht, hat sich von dem Geschehen mit dem Rottweiler-Mischling ab- und einem anderen Ereignis zugewandt. Nur eine kurze Zeit scheint vergangen zu sein. Aber während dieser Zeit hat sich die Kamera allein, also ohne die Kontrolleure, auf die junge Frau zu bewegt. Die junge Blonde sitzt offensichtlich auf einer Bank in einer Trambahn, das Fenster neben sich. Erstmals herrscht 6 Sekunden Stille im Video. Mit der Musik endet auch die humoresque Atmosphäre. Kurz darauf setzt ein lautes Trambahngeräusch ein. Es wird jetzt ‚ernst' – der ‚dokumentarische' Charakter der Aufnahmen steigt.

Die Kamera ist vom ersten Augenblick ganz nah bei der jungen Frau, die ebenfalls einen kleinen Hund bei sich hat. Allerdings sitzt der Hund auf dem Schoß der Blonden, nicht auf dem Boden. Sachlich und rechtlich ähneln sich die Situationen sehr: Beide Frauen führen in der Trambahn einen Hund mit sich, beide Hunde sind klein, beide Frauen haben ihre Hunde nicht in einem Behälter.

Legte man für diesen zweiten Fall die gleichen Maßstäbe zugrunde, wie beim ersten, dann wäre erneut ein Bußgeld fällig. 40 Euro mehr für Halle. Doch es kommt anders.

Bei dem keinen Hund handelt es sich um einen *Japan Chin,* der ein Brustgestell trägt, das Quetschungen am Hals verhindern soll. Der *voice over*-Kommentar informiert den Zuschauer: „Ein paar Schritte weiter ist eine Mitfahrerin auf den Hund gekommen. Gerade noch rechtzeitig lässt sie ihren vierbeinigen Begleiter in der Einkaufstasche verschwinden." Während dieses Kommentars der Kamera packt die junge Frau ihren kleinen Hund in ihre große Umhängetasche, also alle (auch die Kontrolleure) können sehen, dass der Hund anfangs nicht in der Tasche war. Der Zuschauer nimmt den (durchaus missverständlichen) Satz zum Anlass für folgenden Sinnschluss: ‚Die junge Frau, die das Geschehen beobachtet hat, ist schlau, da sie aus dem Beobachteten und Gehörten lernt. Bevor ein Kontrolleur zu ihr gelangen kann und von ihr eine Strafgebühr für den schwarz fahrenden Hund einfordert, packt sie ihn lieber für den Moment in die Tasche. Und wirklich: Der Hund der blonden Frau ist komplett in der Tasche verschwunden, nur der Kopf schaut hinaus. Die bekannte Musik setzt ein, die Kontrolleurin kommt in das Bild und fragt die blonde Frau nach dem Fahrschein, woraufhin die blonde Frau ihren Fahrschein vorweist und ihren Hund in der Tasche zeigt. Alles ist in Ordnung. Die Kontrolleurin ist zufrieden und verlässt die Szene. Schnitt.

Die Kamera schwenkt nochmals auf die blonde Frau mit dem Hund in der Tasche. Die spricht in die Kamera: „Naja, ich habs halt gesehen, man siehts ja ein bisschen, dass das Kontrolleure sind, ne? So. Und äh…" Kamera schwenkt auf die Kontrolleurin, die jetzt von hinten zu sehen ist und die sich wieder in Richtung des Einstiegsbereiches der Bahn, also dorthin, wo wenige Sekunden zuvor der Disput über den Rottweiler-Mischling statt gefunden hat, bewegt hat. Dort ist aber niemand mehr zu sehen. Die Personen, die eben die Szene bevölkerten, sich nicht mehr da.Die junge Blonde mit dem Hund in der Tasche erzählt weiter: „Dann hab ich sie halt kurz in die Tasche, ist immer noch besser als dann die Strafe zu bezahlen. Und nen Kinderfahrschein zu kaufen für den Hund sehe ich einfach nicht ein."

Die Deutung dieser Episode hat uns reichlich Kopfschmerzen bereitet und bringt die Sequenzanalyse von Videos in erhebliche Probleme. Die erste Frage, die sich sequenzanalytisch nämlich stellt, ist die Frage nach den Gründen, welche die Kamera hat, sich vom Geschehen um den Rottweiler-Mischling abzuwenden. Sinnvoll wird das nur (so eine Lesart), wenn man annimmt, die Kamera habe gewusst, dass sich dort etwas für das frühere Geschehen Relevantes abspielen wird. Aber das kann sie nicht gewusst haben, da das Relevante sich erst abspielt, als die Kamera bereits bei der Blonden ist. Da die Kamera jedoch nicht in die Zukunft schauen kann, gerät die sequenzanalytische Suche nach plausiblen Gründen für das Handeln der Kamera in arge Not, die sich noch vergrößert, wenn man genauer auf die Videobilder hinschaut. Mag beim ersten Anschauen noch der *voice over*-Kommentar glaubhaft erscheinen, so stellt man bei genauer Betrachtung des Bildmaterials (sogar relativ schnell und leicht) fest, dass die blonde Frau weder im gleichen Trambahnabteil sitzen kann, wie die Frau mit dem Rottweiler-Mischling, noch dass sich das alles in etwa zeitgleich abspielt – denn zum einen fährt die Bahn jetzt in eine andere Richtung und das Personal der früheren Szene ist auf einmal verschwunden; zudem ist die ehemals volle Bahn auf einmal leer. Entweder befinden sich die drei Kontrolleure mittlerweile in einer anderen Bahn oder die Zeit zwischen den beiden Aufnahmen variiert sehr stark, denn die Bahn ist mittlerweile vollkommen leer. Welcher Fall konkret in diesem Ausschnitt vorliegt, lässt sich wohl nicht zweifelsfrei ermitteln, dies kann und will auch nicht Ziel dieser Untersuchung sein. Vielmehr ist entscheidend, dass es sich nicht, wie der *voice over*-Kommentar zu implizieren scheint, nicht um einen recht nahtlosen Übergang zwischen den einzelnen *takes* handelt, sondern um eine Montage.

Da diese Aussage so wichtig für die Interpretation ist, haben wir sie mehrfach geprüft und auch von anderen prüfen lassen, die zum gleichen Ergebnis kamen. Dies auch, weil die Montage nicht wirklich gut versteckt ist. So kann man, wenn man etwas sucht, entdecken, dass die Aufnahmen nicht mehr in der Linie 4 nach Kröllwitz spielen, sondern (wie im Hintergrund von *take* 28 erkennbar – siehe unten im Bild, hinten, Mitte links oben) in der Linie 6.

Sequenzanalytisch ist diese Inkonsistenz nicht mehr auf der Ebene der Handlung vor der Kamera aufzulösen. Es gibt keine Lesart, welche in der Lage wäre, die gezeigten Ereignisse ‚wirklich‘, also ohne das gültige Raum-Zeit-Kontinuum zu verlassen, verständlich zu machen. Nur wenn wir uns der Kamerahandlung zuwenden und das Wissen um die Produktion von Videos aktivieren, lassen sich plausible Lesarten finden.

Ganz offensichtlich ist nicht das der Fall, was der Fall zu sein scheint. Die junge Blonde hat das Geschehen um den Rottweiler-Mischling nicht gesehen. Das Ganze spielt an einem anderen Ort, zu einer anderen Zeit. Das Gezeigte ist also ‚gefaked‘. Dennoch lügt der *voice over*-Kommentar im wörtlichen Sinne nicht,

sondern es wird gezielt dem Zuschauer ein bestimmtes Missverständnis nahege-
legt. An dieser Stelle kann man sich angesichts der ‚unwahren‘ Dokumentation
dieser Videoaufzeichnung moralisch entrüsten und die Kamera eine ‚lügende Kamera‘ nennen – oder aber sich eingestehen, dass die Kamera mit Hilfe von Bildern
eine (fiktive) Geschichte so erzählt, als habe sie sich tatsächlich ereignet, ohne
dabei allerdings die Spuren der Täuschung ernsthaft verwischen zu wollen[23].

Die Kamera lügt an dieser Stelle nicht nur mit dem Kommentar, sondern
auch mit dem Ton: Den Bildern am Ende dieser Sequenz ist nämlich das Geräusch einer bremsenden Trambahn nachträglich unterlegt worden. Aber die
‚Bremsung‘, welche am Ende des Satzes der blonden Frau auditiv wahrnehmbar
ist, kann nicht wirklich stattgefunden haben, da die Geschwindigkeit der Bahn
gleich bleibt – das vermittelt der visuelle Kanal. Dramaturgisch vermittelt die
‚akustische Bremsung‘ die Beendigung dieser Sequenz und leitet damit über zu
den nächsten Bildern, auf denen zu sehen ist, wie die Kontrolleure die Bahn
verlassen. Auditiv wird das Ende der Sequenz vorbereitet und entsprechend über-
geleitet. Die Sequenzen fügen sich so ineinander[24].

Spätestens an dieser Stelle der Analyse muss man sich (zumindest) über
die Praktiken von Videoproduktionen schlau machen und man muss sich fragen, weshalb die Kamera eine solche Sequenz in das gezeigte Geschehen um
den Rottweiler-Mischling einschiebt. Im weiteren wollen wir uns zunächst dem
Ersten zuwenden (Praktiken der Videoproduktion), um dann später die Frage
nach der Funktion dieser eingeschobenen Sequenz zu erörtern.

**Exkurs über die Theorie und Praxis der Videoproduktion: Alles eine Frage
der spontanen Planung**

Im Rahmen unseres Forschungsvorhabens haben wir uns auf verschiedene Weise
mit den Praktiken der Videoproduktion auseinander gesetzt: Wir haben zum ei-

---

[23] In Filmproduktionen mit Drehbuch werden solche Brüche aufwendig unsichtbar gemacht, so dass
der Eindruck erweckt wird, die Kamera würde ‚wirklich‘ eine fortlaufende Geschichte erzählen.
Das Raum-Zeit-Kontinuum folgt dem Geschehen im Film. Erstreckt sich die Filmhandlung über ein
Lebensalter, dann werden alle Personen entsprechend älter – auch wenn die Drehzeit, also die Zeit
der Kamerahandlung, nur wenige Wochen dauerte und auch wenn die einzelnen Szenen nicht in der
Reihenfolge der Spielhandlung gedreht wurden, sondern so, wie es in den Produktionsplan passte.
[24] Diese ‚akustische Lüge‘ weist auf zwei Dinge hin: (1) die Notwendigkeit der sorgfältigen Notation, da die Lüge erst auffällt, wenn man sehr genau die einzelnen Bilder verschriftlicht und
(2) die Sorgfalt, mit der die Kamera später das Geschehen montiert. Diese Sorgfalt zeigt, dass die
Kamera keineswegs amateurhaft arbeitet, sondern recht aufwendig das Material nachbearbeitet.
Die Sorgfalt liefert aber auch einen Hinweis auf die These, dass man das Amateurhafte der Kamera
gekonnt inszeniert.

nen die entsprechende Fachliteratur rezipiert, zum Zweiten mit Machern solcher Produktionen Interviews geführt und zum Dritten auch die Arbeit der Filmer teilnehmend beobachtet. Hier eine sehr kurze Zusammenfassung der Ergebnisse: Unterschiedliche Genres von Fernsehsendungen weisen unterschiedliche Formen der Planung auf. Fernsehfilme unterliegen (ähnlich den Filmen aus Hollywood, bei denen noch erheblich mehr Aufwand betrieben wird) anderen planerischen Regeln wie ein *Reality-TV-Reportagen*-Format. Das Personal, das den Film oder das Video produziert, entscheidet letztlich, welchem Genre die Produktion angehören soll. Hinter dieser Entscheidung stehen Marktkenntnis und Absatz- und Renditeerwartungen. Hat sich das Personal einmal für ein Genre entschieden, muss es bestimmten kulturell und historisch erarbeiten Mustern folgen. Damit verbunden sind bestimmte Praktiken, wie die Muster glaubwürdig in Bilder umzusetzen sind. Dies gilt sowohl für fiktive Genres als auch für dokumentarische Videoformate.

Bei der Produktion einer Fernsehserie (wie z. B. einer Krimiserie) ist es selbstverständlich, dass die perfekte Planung, ein überzeugendes Drehbuchund gute Schauspieler bei der Produktion im Vordergrund stehen. Der Weg von einer Filmidee über die Umsetzung bis hin zum fertigen Produkt ist sehr lang und kostspielig (vgl. Kließ 1992). Die Idee und die darauffolgende Planung des Grundkonzeptes sind eingebettet in einen bestimmten sozialen Kontext, der unter anderem zwingend berücksichtigen muss, welcheVorbilderes dazu es bereits in der Fernsehgeschichte gibt, wie sich das Geschehen möglichst gut inszenieren lässt, was den früheren Fernsehzuschauern gefallen hat und was sich gegebenenfalls in der anstehenden Produktion verbessern lässt.

Im Anschluss hieran muss ein Grundkonzept für die Sendung entworfen werden, in dem so unterschiedliche Aspekte Berücksichtigung finden müssen wie die Charaktereigenschaften der Personen, die genaue Personenkonstellation, Ort der Handlung und Motivation zur Handlung, die vor der Kamera ersichtlich werden sollen. All dies und noch sehr viel mehr wird in einem Drehbuch festgehalten. Eine andere Art der Vorabplanung bezieht sich auf die Kamerahandlung – wie die Art der Kamera (Standkamera, Handkamera), die Kadrierung, die Einstellung, die Schärfentiefe, die Perspektive der Kamera auf das Geschehen, das Tempo der Kamera, die Art der Bewegungen der Kamera (autonom oder den Akteuren folgend) und die Art der Aufnahme (farbig oder schwarz-weiß). Darüber hinaus ist entscheidend, ob die Kamera mittels *voice over,* Musik und Geräuschen, Grafiken oder Text das Geschehen kommentiert und wie durch den Schnitt und den Zeitraffer respektive die Zeitlupe das Geschehen durch die Kamera montiert wird. Dabei ist der Einfluss des jeweiligen Regisseurs/Redakteurs von großer Bedeutung, der einer Filmproduktion eine bestimmte persönliche Note gibt, die das Publikum goutiert oder auch nicht.

Das von uns hier untersuchte Video ist ganz offensichtlich nicht Teil dieses fiktionalen Filmgenres, sondern gehört der ganzen Aufmachung nach (keine Schauspieler, kein Drehbuch, geringe Produktionskosten) dem Fernsehformat des *Reality-TVs* an, das selbst wieder in verschiedene Subgenres unterteilt ist. Das *Reality-TV* selbst ist eher dem dokumentarischen Genre zuzurechnen. Es erhebt im Gegensatz zu den fiktionalen Formaten einen Anspruch auf eine gewisse Authentizität und damit aufeine ‚unverfälschte' Aufzeichnung der in der Realität ablaufenden Ereignisse. Die Anmutung des *Reality-TVs* ist, dass hier etwas gezeigt wird, das (a) *wirklich* stattgefunden hat, das (b) *genauso* stattgefunden hat und das (c) den *gezeigten Personen* tatsächlich passiert ist. Allerdings gibt es innerhalb des Formats *Reality-TV* mittlerweile eine große Bandbreite. Diese reicht von der wirklichen Dokumentation einer Situation, über das Ersetzen der wirklichen Personen durch (Laien-)Schauspieler, über die nachträgliche Dramatisierung von Szenen bis hin zu Gestaltung von Szenen, die in der Wirklichkeit tatsächlich so hätten stattfinden können oder tatsächlich stattgefunden haben. Die nach einem vorab von Schreibern geschaffenen Drehbuch produzierten Formate nennt man *scripted Reality-TV*.

Weil es dem *Reality-TV* um eine Art Dokumentation geht, haben die Ereignisse vor der Kamera oft eine hohen Stellenwert oder genauer: scheinen ihn zu haben. Deshalb ist es gängige Praxis, dass es bei solchen Produktionen, die durchweg Videoproduktionen sind, keine festen Drehbücher gibt – außer bei *scripted-Reality-TV*. Die Aufnahmen werden nicht konkret in ihrem Ablauf geplant, sondern die Ereignisse übernehmen die Regie oder genauer: scheinen die Regie zu übernehmen, sobald eine Idee zu einer Reportage entstanden ist. Wenn die Idee, Kleingärtner bei der Pflege ihres Kleingarten zu beobachten, einmal ‚durch' ist, dann geht die Sendung direkt in Produktion. Dazwischen steht nicht (mehr) eine langwierige Planungsphase, in der Drehbücher geschrieben und Statisten aufwendig gecastet sowie detaillierte Einstellungsprotokolle erstellt werden, sondern es werden lediglich die groben Züge der Videoproduktion festgehalten.

Der in englischsprachigen Ländern übliche Ausdruck für solche Produktionen lautet: *Fly-on-the-Wall-TV*. Es kommt in diesem Format darauf an, dass die Protagonisten dabei gefilmt werden, wie sie (normalerweise und immer) alltägliche Dinge tun – und dies möglichst ohne Beeinflussung durch Interviewfragen oder die Involviertheit des Reporters. Dieser soll lediglich beobachten (vgl. Butler 2009: 94 ff.). Kurz: Bei einer *Fly-on-the-Wall-Produktion* wird ein passender Ort im Alltag von Menschen gesucht, die Kamera aufgestellt und ‚draufgehalten'. Die Aufnahmen, die dabei entstehen, werden durch die montierende Kamera später nachbearbeitet und dabei dramatisiert. Die vor Ort aufgezeichneten Bilder sind zwar wichtig, aber die Geschichte ergibt sich nicht in den Bildern, sondern wird mit den Bildern erzählt. Oft bedarf es auch eines *voice over*-Kommentars, um die Bilder verständlich zu machen. Der eigentliche Prozess der Produktion besteht im nachgelagerten Bearbeitungsprozess, der den Aufnahmen erst im Nachhinein Struktur verleiht und eine ‚gute' Geschichte auf den Leib schneidert. Das heißt: Ein konkretes Drehbuch mit konkret geplanten Aufnahmeplänen und Einstellungen von einem Regisseur, die ein Kameramann penibel einhalten muss, existiert bei solchen Produktionen nicht (mehr). Um dieses fehlende Drehbuch zu kompensieren, wird von den Kameramännern vor Ort eine große Sensibilität dafür abverlangt, zu erkennen, aus welchen Bildern sich später gute Geschichten montieren lassen bzw. welche Bilder so neutral sind, das man mit ihnen vieles machen kann.

Dies alles bedeutet allerdings nicht, dass die Aufnahmen immer völlig wahllos erfolgen und sich das Geschehen unbeeinflusst vor der Kamera vollzieht, sodass die Kamera lediglich eine beobachtende Funktion hat. Dies ist allein schon deshalb nicht der Fall, da die Kamera bereits durch ihre Anwesenheit die Handlung vor der Kamera verändert. So muss man in der alltäglichen Praxis des Filmes im Alltag die Akteure vor der Kamera immer wieder ermahnen, bitte nicht in die Kamera zu schauen, die Kamera nicht zu beachten, so zu tun, als sei sie gar nicht vorhanden. Manchmal muss sich die Kamera auch aus dem Geschehen zurückziehen, weil sie von den Akteuren nicht erwünscht oder sogar aus gesetzlichen Gründen nicht erlaubt ist. Dann sieht sie nicht alles. Manchmal mischt sich die Kamera aber auch massiv ein, sie arrangiert Szenen neu, erläutert das Geschehen durch Untertitel, dramatisiert, weil das Geschehen mehr *Action* braucht oder fügt neue Teile ein, um die Geschichte ‚rund' zu machen oder bittet die Beteiligten ausdrücklich, einen Kommentar in die Kamera zu sprechen und auch hier: Bitte nicht in die Kamera schauen. All dies mit einem Ziel: Die Produktion soll sich später gut verkaufen lassen.

Das Medium mischt sich also auch bei dem *Reality-TV* grundsätzlich massiv ein, stellt Fragen, nimmt Perspektiven ein und vor allem: beeinflusst durch Nachbearbeitung, Montage, Kommentar, Dramatisierung und Ergänzung. Auf diese Weise wird dem gefilmten Geschehen nachträglich eine bestimmt narrative Struktur verliehen, die durch Musik, Untertitel und Betitelung der Sendung zusätzlich attraktiv gestaltet wird. *Reality-TV* erfüllt somit gerade nicht den dokumentarischen Anspruch, die Realität möglichst unbeeinflusst durch Regisseur, Reporter und Kameramann aufzunehmen, sondern *Reality-TV* ist eine eigenständige Erzählung der Medien. Das Medium ist der eigentliche Akteur und als Akteur erzählt es die Geschichte, die möglichst vielen gefällt. Der Wurm muss dem Fisch schmecken, nicht dem Angler.

Wichtig dabei ist, dass die Kamera (das Medium) so ist wie der Zuschauer. Die Kamera ist (aus Sicht der Zuschauer) ‚einer von uns'; sie vertritt den Zuschauer vor Ort. Sie ist da, wo er nicht ist, aber wo er immer auch sein könnte. Weil die Kamera so ist wie er, darf sie auch nicht professionell sein, sondern sie muss immer auch so filmen wie er – also wie ein Hobby-Filmer.

Und was das Wichtige daran ist: Diesen Geschichten sind immer auch Botschaften inhärent – sowohl eine offensichtliche als auch eine versteckte. Auch Videoproduktionen haben einen ‚heimlichen Lehrplan'. Diesen kann man jedoch nur entdecken, wenn man nach dem Muster hinter dem Offensichtlichen sucht, also das Implizite expliziert, das scheinbar gar nicht im Fokus der Erzählung liegt.

5.3.6.3.6 Frauentausch – Zwei Schichten, zwei Muster

Ganz offensichtlich und ganz vordergründig geht es bei der gesamten Sequenz um die Hundefrage. Es werden zwei Frauen mit Hund in der Trambahn gezeigt, die sich eigentlich in der gleichen Situation befinden: Sie führen einen Hund in der Trambahn mit, ohne für ihn einen Kinderfahrschein gelöst zu haben, wie es die Beförderungsbedingungen der Stadt Halle verlangen. Die eine wird patzig, fragt danach, wo das steht, zieht dann (nachdem die Legalität der Maßnahme geklärt ist) die Legitimität dieser Bestimmung lautstark in Zweifel, wiegelt auch noch andere Fahrgäste auf, muss schlussendlich aber ein Bußgeld von 40 Euro zahlen. Die Zweite packt ihren Hund ohne ein Wort der Kritik in ihre Tasche und muss deshalb weder einen Kinderfahrschein für den Hund lösen noch ein Bußgeld zahlen. Zwei Frauen, zwei Verhaltensweisen. Protest und Strafe auf der einen Seite, Gehorsam und Belohnung auf der anderen. Der Zuschauer sieht, welche Verhaltensweise erfolgreich ist, und kann dann seine Schlüsse ziehen. Auf jeden Fall weiß er, was er zu tun hat, wenn er für seinen vierbeinigen Freund im Nah- und Fernverkehr das Ticket und die Buße sparen will.[25]

---

[25] Wenn man einmal für dieses Problem sensibilisiert ist, dann benutzt man Busse und Bahnen mit anderen Augen. So kann man gelegentlich in der Deutschen Bundesbahn, die im Übrigen über eine ähnliche Regelung verfügt wie die Hallenser Verkehrsbetriebe, beobachten, wie erfahrene Hundebesitzer die Bahn mit ihrem Hund nur betreten, wenn sie die berühmte extra-große blaue Ikeatasche dabei haben: Hier passt nicht nur ein Schoßhündchen hinein, sondern auch fast alle ausgewachsenen Hunde. Zur Vervollständigung: Die Regelung der Bahn lautet: „Wenn Sie einen Hund mitnehmen, der nicht im Transportbehältnis als Handgepäck transportiert werden kann, zahlen Sie den halben Normal- oder Sparpreis. Diese Regelung gilt sowohl für den Normalpreis als auch für die Sparpreise. Kleine Hunde (bis zur Größe einer Hauskatze) können Sie im Transportbehälter dagegen unentgeltlich mitnehmen. Bitte beachten Sie, dass alle Hunde, die nicht in einem Transportbehälter mitgenommen werden, an der Leine geführt werden und einen Maulkorb tragen müssen. Blindenführhunde und Begleithunde eines schwerbehinderten Menschen sind vom Maulkorbzwang ausgenommen.Die Online-Buchung von Fahrkarten für Hunde ist leider nicht möglich. Auch können keine Sitzplatzreservierung für Hunde getätigt werden. Bei internationalen Reisen zahlen Sie für Hunde grundsätzlich den Kinderfahrpreis 2. Klasse." (http://www.bahn.de/p/view/angebot/zusatzticket/hunde.shtml). Die oben widergegebene Beobachtung mit dem Hund in der Ikeatasche zeigt, dass auch die Regelung der Bahn einen Spielraum für Debatten vor Ort lässt: Ist eine Tasche ein Transportbehälter, wie groß ist eine Katze etc.? Über die sehr interessante Frage, ob die Mitnahme

Das sind die Dinge, auf die sich der Blick und die Aufmerksamkeit zuerst richten. Doch sobald man weiß, dass die Szene mit der Blonden nachgedreht ist, dann fragt man sich nicht nur, weshalb diese Szene in die Sequenz an dieser Stelle eingebaut wurde (diese Frage haben wir oben kurz behandelt), sondern man fragt sich auch, weshalb man gerade *diese* Frau ausgewählt hat. Auch hier könnte man auf den ersten Blick sagen, das sei halt Zufall gewesen, man habe den nächsten Gast mit Hund gebeten, sich so zu verhalten und das dann gedreht. Auf den zweiten Blick scheint das nicht plausibel, einfach weil die Gegensätze zwischen den beiden Fahrgästen zu groß sind und systematisch variieren: Weder die Rasse der Hunde, noch die Frauen selbst und schon gar nicht die Situation gleichen sich. Auch hier gilt es wieder, das Implizite explizit zu machen.

Betrachtet man (einmal auf die Spur gebracht) die beiden weiblichen Fahrgäste mit Hund genauer, dann ergibt sich eine klare Unterscheidung. Die ,scheiternde' junge Frau mit dem Hund, welche den Bußgeldbescheid aufgrund des Schwarzfahrens ihres Hundes bekommt und somit für ihren Verstoß gegen die Beförderungsbedingungen zahlen muss, trägt einen schwarzen Wollpulli mit V-Ausschnitt. Auf der Vorderseite des Pullis befindet sich ein auffälliger, in einer typischen Graffiti-Typographie gestalteter Aufdruck: „Dubster". Zudem ist in der Mitte des Pullovers (über dem Wort ,Dubster') ein Totenkopf mit einem Kopfhörer aufgenäht. Das Totenkopf-Bild und der rote Schriftzug in einer gewöhnlichen Tag-Typographie lassen an die *Gabba*-Szene der 1990er Jahre erinnern[26]. Das Wollmaterial und auch die Typographie des Pullis, die bei aktueller Szene-Kleidung durch Sweatshirtstoff und computergenerierte Grafiken ersetzt worden ist, weisen also darauf hin, dass es sich bei dem Pulli nicht um ein exklusives und teures Label handelt, sondern um ein billigeres Produkt, das mit dem Look eines Techno-Labels massenhaft (z. B. auf Flohmärkten) verkauft wird. Dazu trägt die schlanke Hundehalterin eine weiße Baggy-Hose in ¾-Länge, an den Füßen Sportschuhe ohne sichtbare Füßlinge in den Schuhen. Der sehr kurze Haarschnitt, welche mit Gel zu einer Art Igelfrisur gestylt worden ist, komplettiert die eher hagere Erscheinung der Halterin des Rottweilerwelpen. Außerdem trägt sie in ihrer rechten Augenbraue und ihrem recht Ohr je ein silberfarbenes Piercing (auch das eine Orientierung an der Mode der 1990er Jahre), sowie einen silberfarbenen Ring und eine größere silberfarbene Uhr an der rechten Hand sowie einen länglichen Anhänger an einer Halskette.

Der zweite weibliche Fahrgast, der Glück hatte und trotz des gleichen Fehlers weder den Fahrpreis für den Hund noch Bußgeld zahlen muss, da sie ihn

---

eines großen Hundes möglich ist, wenn man eine Gruppenreiseticket gelöst hat, existiert eine schöne Online-Debatte (http://www.ervnet.de/bahn/bahnfahn.shtml).

[26] Gabba, auch Gabber, ist eine Musikszene des Hardcore-Techno, die ihren Höhepunkt in den 90er Jahren des 20. Jahrhunderts erreicht hatte.

rechtzeitig in ihre Handtasche setzt, ist gänzlich anders eingekleidet. Diese junge, ebenfalls schlanke Frau trägt eine große Sonnenbrille, hat blondes Haar, welches mit einem schwarzen Haargummi zu einem Dutt zusammengebunden ist. Die Blonde hat ein eher elegantes schwarzes Oberteil mit großem Rundausschnitt an, welches die Arme trotz der ¾-Ärmellänge offen lässt. Dazu trägt sie Jeans mit einem schwarzen Gürtel, eine silberfarbene Uhr am rechten Arm und einen Ring am rechten Zeigefinger. Außerdem hat sie eine große blaue Shopper-Tasche bei sich, in die sich ihr Hund problemlos verstauen lässt. Deutlich erkennbar gehört sie einer anderen Sozialschicht an (vgl. Bourdieu 2008). Alles an ihr strahlt konventionelle ‚Mittelschicht' aus. Auch die Kamera bleibt auf Mittelschichtdistanz: Die Einstellungen sind durchweg amerikanisch, sie geht nicht ganz nah an die junge Frau heran, sondern hält alltägliche höfliche Körperdistanz. Auch der Blick hält gleiche Augenhöhe. Es unterbleibt also (anders als bei der Frau mit dem Rottweilerwelpen) die filmische Konstruktion von räumlicher Hierarchie.

Die (Schicht-)Unterschiede zwischen den Frauen zeigen sich auch an den Hunden und wie sie mit den Hunden umgehen: Während der Hundewelpe der ersten jungen Frau eine Art Rottweiler-Mischling ist, der an einer Kettenleine gehalten wird und ein blaues Synthetik-Halsband trägt, ist der Hund des zweiten weiblichen Fahrgastes ein kleiner modischer Schoßhund, ein *Japan Chin,* der als Welpe im Durchschnitt etwa 950 Euro kostet (auch diese Erkenntnis verdanken wir den Segnungen des Netzes). Der kleine *Japan Chin* ist nicht angeleint und trägt ein Brustgeschirr aus schwarzem Leder. Die junge Frau streichelt ihren Hund.

Der Unterschied im Kleidungsstil beider weiblicher Fahrgäste wird durch die Requisiten zusätzlich betont. Auch der Sprachstil der beiden Frauen variiert: Während der erste weibliche Fahrgast mit dialektaler (ostdeutscher) Färbung spricht, ist bei der zweiten Frau von dialektaler Färbung nichts zu hören. Sie spricht Hochdeutsch.

Auf der akustischen Ebene gibt es weitere signifikante Unterschiede. Die Kamera kommuniziert auch mit der Musik bzw. dem Weglassen von Musik: Dem Geschehen um die Halterin des Rottweilerwelpen ist fast durchgehend die humoreske Hintergrundmusik unterlegt. Diese wird mit den dramatischen Inhalten kombiniert, wodurch die affektiv-bedrohliche Wirkung der visuellen Handlungsebene des Films gleichzeitig kontrastiert, also ‚musikalisch weich gezeichnet', wird. Bei der Darstellung der blonden Besitzerin des *Japan Chin* setzt die Hintergrundmusik aus. Statt dessen werden die Alltagsgeräusche der Bahn unterlegt, wodurch eine sachlich-korrekte, also dokumentarische Anmutung entsteht[27].

---

[27] Selbst wenn diese Ebene der Bedeutungsproduktion durch die Kamera im normalen Zuschauer-Wahrnehmungsmodus nicht aufgenommen wird, bedarf sie doch der Analyse.

Aus unserer Sicht verkörpern die beiden Frauen und die beiden Hunde (verdichtet man das Individuelle zu einem sozialen Typus) nicht nur individuelle Unterschiede, sondern auch soziale. Hier treffen, wie bei der Sendung *Frauentausch*[28], Vertreterinnen zweier sozialer Schichten, nämlich der Unter- und der Mittelschicht aufeinander, und sie handeln in der Videoepisode stellvertretend für ihre Schicht und setzen so zwei schichtspezifische Handlungsmuster in Szene.[29] Damit einher geht, dass die erste Frau eher ‚männlich' inszeniert ist (kurzer Harrschnitt, sportlich), die zweite dagegen eher weiblich. Sie ist wesentlich körperbetonter und weiblicher bekleidet, was auch durch die Frisur, die Tasche und das weit ausgeschnittene Oberteil unterstrichen wird.

Aber wir sehen nicht nur zwei spezifische Inszenierungsmuster, sondern die Kamera lässt die Zuschauer auch zwei spezifische Reaktionsmuster sehen: Herbert der Kontrolleur besteht gegenüber der Rottweilerbesitzerin darauf, dass die Regeln bis auf den Buchstaben zu befolgen sind, er drückt kein Auge zu oder eröffnet Auswege, sondern er verlangt das Bußgeld. Die Kollegin von Herbert begegnet der Blonden mit dem *Japan Chin* schon ganz anders: nämlich mit der Bereitschaft, die Regeln weicher, flexibler auszulegen. Insofern passen die Verhaltensweisen zueinander. Und der Zuschauer kann lernen, dass Regeln nicht für jeden in gleicher Weise gelten – für manche, die Mittelschicht, sind Ausnahmen möglich, für Mitglieder der Unterschicht nicht.

Die geheime Botschaft der Sequenz mit den zwei Hundehalterinnen erzählt also nicht nur von einem Problem (Soll man für einen Hund in einer Trambahnzahlen?), sondern auch von zwei Sozialschichten, die unterschiedliche Problemlösungsmuster aufweisen. Auf der einen Seite gibt es die kurzhaarige, eher männlich-aggressiv wirkende Frau aus der Unterschicht (mit einer ‚Promenadenmischung'), die statt im Gespräch mit dem Kontrolleur nach einer fallspezifi-

---

[28] Die Sendung *Frauentausch* des Senders RTL II bezieht ihren Reiz daraus, dass immer zwei Frauen aus unterschiedlichen Sozialschichten die Familie für eine begrenzte Zeit tauschen und dann mit der gesamten Kultur der anderen Schicht konfrontiert werden und sich in diese entweder einfügen oder gegen sie rebellieren müssen. Da es hier nie allein um die Kultur von Paarbeziehungen geht, sondern immer auch um Eltern-Kind-Beziehungen, stehen dabei immer auch Sozialisationsbedingungen und die soziale Identität der Beteiligten auf dem Spiel – weshalb der Zuschauer trotz der vom Fernsehen inszenierten Wirklichkeit viel für die unterschiedlichen Kulturen in Deutschland erfährt. Schon allein deswegen ist diese Sendung gerade für Soziologen sehr bedeutsam. Hier zeigt sich zudem, dass es das Fernsehen ist (und nicht die deutsche Soziologie), das sich für die Unterschicht interessiert. Die Soziologie wendet sich (so scheint es) erst langsam und zögerlich von der Mittelschicht ab und der Unterschicht zu.

[29] Sicherlich wird mit dieser Fokussierung auf die Schichtunterschiede das Bedeutungspotential der Szene nicht voll ausgeschöpft. Sehr instruktiv wäre es, diese Szene einmal ausführlicher unter dem Genderaspekt zu interpretieren. Es ist der männliche Kontrolleur, der hier gegenüber einer Frau hart die Normen vertritt, aber es ist eine weibliche Kontrolleurin, welche die Hundefrage gegenüber einer Frau ‚situativer' angeht.

schen Lösung zu suchen, erst nach dem Gesetz fragt und dann dessen Legitimität bezweifelt. Auf der anderen Seite gibt es die eher weiblich wirkende junge Blonde aus der Mittelschicht (mit einem Mittelschichthund), die nicht die Legitimität bezweifelt, auch nicht protestiert, sondern (wenn auch in einer Art Fassadenhandlung) ihren Hund zumindest für die Zeit der Kontrolle in ihre Tasche packt. Die Erste will das Problem prinzipiell klären und ihr vermeintliches Recht mit einer Art Aufruhr durchsetzen, die Zweite spielt das Spiel mit, hält sich vordergründig an die Regeln, packt ihren Hund ein (und später wahrscheinlich wieder aus) und kooperiert. Sie hilft dem Kontrolleur, die fallspezifische Lösung des Beförderungsproblems zu situieren. Hier steht Widerstand gegen Kooperation, Verweigerung gegen Gehorsam.

Und da sich die Kamera zweifelsfrei mit der jungen Blonden aus der Mittelschicht sympathisiert, ist die Botschaft der Kamera klar: „Mach es so wie die Blonde, wenn Du clever bist. Nur die, die nicht so clever sind, protestieren und machen Ärger." Damit leistet die Kamera auch einen Beitrag zu der gesellschaftspolitisch relevanten Frage, wie Bürger mit Gesetzen und Bestimmungen umgehen sollten oder grundsätzlicher: wie Bürger sich verhalten sollen, wenn Legalität und Legitimität auseinander fallen.

Und damit geht es in dem Video von dem schwarz fahrenden Hund auch um *Polizieren* und Innere Sicherheit – wenn auch auf ganz kleiner Bühne. Und natürlich geht es hier auch um Formen des sich Führen-Lassens, also um *Governance*. Anders formuliert: Die ‚Gute' führt sich vorausschauend selbst (Fremdzwang wird zum Selbstzwang). Sie kann das, weil sie ihre Umgebung beobachtet und sich fragt, was man von ihr erwartet. Und weil sie das tut, was man von ihr erwartet (wenn auch nur formal, ohne innere Überzeugung), gibt es keine Konflikte und keine Strafe. Die ‚Schlechte' besteht zuerst auf dem formalen Recht, dann auf der Legitimität, dem gesunden Alltagsempfinden, dem *Common-Sense,* statt vorausschauend an der Lösung des Problems mitzuarbeiten. Sie wähnt sich im Recht und will *ihr* Recht haben. Damit stört sie und deshalb erfolgt eine Strafe. Hätte sie statt zu protestieren die Umstehenden freundlich nach einer Tasche oder einer Plastiktüte gefragt, wäre sie ohne Strafe davon gekommen.

5.3.6.3.7 Epilog: Die tun nur ihre Pflicht und das ist gut so

Aber die Geschichte ist noch nicht zu Ende. Die Kontrolleurin, welche die blonde Frau mit dem *Japan Chin* kontrolliert hat, wendet sich nach der Kontrolle ab und geht in Richtung Ausstiegstür. Schnitt. Dort trifft sie auf die andere Kontrolleurin und beide verlassen die Trambahn durch die sich öffnenden Türen. Die

Kamera blickt den beiden dabei über die Schulter, begleitet sie auf dem Weg nach draußen. Dort wartet bereits Herbert.[30]

Die Kamera wirft von außen durch die noch geöffneten Türen einen Blick auf die Halterin des Rottweiler-Welpen, die mit bitterem Gesicht in der Trambahn zurückbleibt. Sie ist leicht von unten ins Bild gesetzt, neben ihr ein anonymisierter Fahrgast. Sie steht in angespannter Körperhaltung und gibt offensichtlich immer noch ihrem Unmut lauten und gestischen Ausdruck. Währenddessen erläutert unbeeindruckt ein *voice over*-Kommentar: „Wer beruflich kontrolliert, fährt am besten, wenn er sich einfach an die Regeln hält. Ob die nun Sinn machen oder nicht."

Schnitt. Die Kamera nimmt nun den Kontrolleur Herbert außerhalb der Bahn halbnah ins Bild. Dieser erklärt: „Dieses Argument, was se gebracht haben mit dem Fahrrad und so, das ist ja alles, das was wir auch verstehen. Wir können uns och in die Situation der Leute reinsetzten, wir sind ja och bloß ... Wir sind ja nich

---

[30] Es wäre im Übrigen sehr spannend, das Implizite des Sachverhalts explizit zu machen, dass Herbert schon draußen vor der Trambahn steht und wartet, während die beiden Kontrolleurinnen noch aussteigen. Mit den normalen Zeitvorstellungen ist das kaum zu vereinbaren. Auch hier muss die Kamera die Zeit angehalten haben. Aber da wir dies schon mehrfach gezeigt haben und hier kein neues Ergebnis erwartbar ist, brechen wir die Analyse hier ab.

nur Kontrolleure. Jetzt sind wir zwar Kontrolleure, aber sonst sind wir genauso teilweise normalerweise Fahrgäste. Und die Situation ist so. Das ist ja der, der Streitpunkt der da oft da ist. Das große Fahrrad und der kleine Hund."

Zu Beginn seiner Erläuterungen befindet sich Herbert noch in der Mitte des Bildes, allerdings bewegt er sich während seiner Erklärungen mit dem Kopf immer mehr nach rechts, nimmt Abstand zu seinem angesprochenen Gesprächspartner, der sich aufgrund der Fokussierung seines Blickes in der linken Hälfte des Bildschirms zu befinden scheint. Die Kamera folgt dabei seinen Bewegungen. Der Gesprächspartner von Herbert ist nicht ein Passant oder gar eine seiner Kolleginnen, sondern ganz offensichtlich eine Person neben der Kamera, die nicht die Kamera führt, aber zur Kamera gehört. Es sind also mindestens zwei Personen von der Produktionsfirma vor Ort – wahrscheinlich sogar drei: der Redakteur, der auch die Gespräche führt, der Kameramann, der die Kamera führt und der Tonmann, der das Mikrophon hält. All das erneut ein Hinweis darauf, dass es von Seiten der Kamera eines erheblichen Aufwandes bedarf, die Spuren der Kamera in den Bildern vom Geschehen vor der Kamera zu tilgen.

Abschließend verändert die Kamera ihre Perspektive auf das Geschehen und nimmt zusätzlich die Haltestelle der Trambahn auf dem linken Teil des Bildschirms in den Blick. Schnitt. Eine neue Episode mit einem anderen Themenfokus folgt.

Haben sich die Türen der Trambahn zu Beginn des ‚Stücks' (also nach dem Prolog, als die Kontrolleure die Bahn bestiegen) geschlossen und hat die Kamera die Zuschauer an einem Stück teilhaben lassen, dann öffnen sich *nach* dem Stück die Türen nun wieder, lassen Zuschauer und Kontrolleure hinaus. Der Zuschauer verlässt mit den Kontrolleuren den Ort der Ereignisse und dort draußen, also außerhalb, kommentiert der Kontrolleur Herbert das Stück und zieht seine Lehren. Das leistet er nicht lebenspraktisch, also für die Kolleginnen oder Passanten, die ihn nach einer Erklärung für sein Verhalten gefragt haben, sondern für das Fernsehen – und nicht für die Zuschauer. Er wendet sich gerade nicht an sie, die Zuschauer, sondern an den Mann neben der Kamera. Hier ist wieder das Tun der Kamera erkennbar: Sie hat den Kontrolleur Herbert am Ende der Sequenz aufgefordert, sein Handeln nochmals zu rechtfertigen (er hat es ja bereits in der Trambahn gegenüber der Hundehalterin getan). Die Kamera stößt an dieser Stelle durch ihr Handeln einen Aushandlungsprozess an, an dem sie aktiv teilnimmt, indem sie sich einmischt, Menschen befragt und auffordert, Stellung zu beziehen – obwohl sie keineswegs unvoreingenommen ist[31].

Es ist zudem die Kamera, die sich mit einem *voice over*-Kommentar zu dem Geschehen direkt an den Zuschauer wendet. Interessant ist, dass Kontrolleur und Kamera andere Lehren aus dem Geschehen ziehen. Der Kontrolleur ist draußen auch Mensch, hier darf er's sein. Er versteht und hat Verständnis: Für das große Fahrrad muss man nicht zahlen, aber für den kleinen Hund schon. Hier draußen ist er einer, der versteht und damit implizit der bestraften Hundehalterin ein Stück weit Recht gibt.

Es ist die Kamera, welche die berufliche Perspektive der Kontrolleure aufrechterhält. Sie formuliert eine pragmatische Regel: „Wer beruflich kontrolliert, fährt am besten, wenn er sich einfach an die Regeln hält. Ob die nun Sinn machen oder nicht." Es geht auch nicht um Recht oder um Moral, sondern um das pragmatische Weiterkommen. Nicht diskutieren, nicht die Perspektive wechseln, nicht verhandeln, sondern die Regeln befolgen. Das ist im Übrigen ein Ratschlag, den die Kamera nicht den Zuschauern erteilt, sondern den Kontrolleuren und

---

[31] Ein Blick in die Praxis zeigt diese Zwiespältigkeit: Während bei der Deutschen Bahn Hunde, welche die Hauskatzengröße übersteigen oder Hunde, die zwar diese Größe haben, aber nicht in Taschen gepackt werden, zahlen müssen, wenn sie nicht behinderten Menschen zur Stütze dienen (http://www.bahn.de/p/view/angebot/zusatzticket/hunde.shtml), zahlen Hundebesitzer in der Blindenstadt Marburg beispielsweise grundsätzlich nichts und werden in den öffentlichen Verkehrsmitteln umsonst befördert. Auch hier zeigt sich, dass man immer wieder im Alltag Ergebnisse von Aushandlungsprozessen in der Praxis begegnet, die zu unterschiedlichsten Resultaten geführt zu haben scheinen. Nichts anderes passiert durch die Handlung der Kamera, welche die Darstellungen vor der Kamera aussucht. Sie nimmt eine bestimmte Perspektive und einen bestimmten Blick auf das Geschehen ein, kommentiert dieses und vertritt damit eine eigene Meinung. Diese wird dem Zuschauenden nicht immer explizit wie in *voice over*-Kommentaren oder Stimmen aus dem Off deutlich, sondern vor allem nimmt die Kamera auf eine implizite Art und Weise Stellung, wie durch Perspektiven, Großaufnahmen und Schnitt, die dem Zuschauenden oft unbewusst oder erst auf einen zweiten genaueren Blick hin begegnen. Die Kamera ist also ein aktiver Teilnehmer an Aushandlungsprozessen.

allen (Zuschauern), die in ihrem Berufsleben kontrollieren müssen. Dieser Rat deckt sich nun nicht mit dem Rat, den die Kamera den Zuschauern erteilt hat (siehe weiter oben). Der Zuschauer sollte flexibel sein, nicht auf der Regel, seinem Recht bestehen. Er sollte vorausschauend den Konflikt vermeiden helfen – auch wenn es sich bei der Lösung nur um eine ‚Fassadenlösung' handelt. Denn die Lösung der Kamera ist, der Regel für die kurze Zeit der Präsenz der Kontrolleure zu genügen und dann das zu tun, was einem beliebt.

Auch für die Kamera ist das Problem mit dem Kinderfahrschein für Hunde keine Reflexion wert, sondern sie votiert für eine pragmatische Lösung, welche über den Charme verfügt, dass der Kontrolleur sein Gesicht und der Fahrgast sein Geld wahrt. Der Kamera geht es um die Personen, nicht um das zugrunde liegende Problem und sie schlägt hier ein pragmatisches Recht vor. Dieses pragmatische Recht leistet beiden Perspektiven und beiden Ansprüchen Genüge: Die Beförderungsbestimmungen werden erfüllt, aber auch dem alltäglichen Legitimitätsempfinden gibt man Recht. So werden Regel und Alltag fallspezifisch miteinander vereint und das Leben kann ungestört weitergehen.

5.4 Verdichtungen

Die Interpretation der hier untersuchten Videosequenz kann man jetzt nach unterschiedlichen Gesichtspunkten weiter verdichten. Immer geht es dabei um die Suche nach dem Muster, das verbindet, die Suche nach dem sozialen Typus. Prämisse dieser Suche nach impliziten Mustern ist, dass alle konkreten Ereignisse *(token)* auch etwas über den sozialen Typus *(type)* sagen, dem das konkrete Ereignis angehört. Fluchtpunkt der hermeneutischen Suche nach den Mustern ist die Frage nach der Frage, auf welche die gezeigten Ereignisse eine Antwort sind. Oder anders: Wenn das Zeigen dieser Ereignisse auf diese besondere Art die Antwort ist, was war dann die Frage?

Will man das, dann sollte man als erstes nach dem verantwortlichen Akteur und dessen Handlung schauen – und das ist hier gewiss die Kamera. Dann kann man versuchen, das Muster hinter der Darstellung des Akteurs zu finden, also sich fragen, welcher Gattung die Videosequenz angehört. Zum Dritten macht es bei hermeneutischen Analysen Sinn, nach der Botschaft hinter der Darstellung zu suchen, also explizit zu machen, welche Botschaft dem Video implizit ist. Zum Vierten macht es Sinn, den Blick noch zu öffnen und das hier analysierte Handeln der Kamera als *token* des *type* ‚Medien' zu betrachten und sich zu fragen, was sich daraus für die aktuelle gesellschaftliche Rolle der Medien explizieren lässt. Beginnen möchten wir mit der Logik der Darstellung durch die Kamera.

5.4.1   Die Logik der Kamera

Vieles zur Logik der Kamera ist während der Analyse weiter oben bereits gesagt und begründet worden. Hier sollen die Ergebnisse noch einmal kurz zusammengefasst und ein wenig weiter verdichtet werden. Der zentrale Befund der bisherigen Analyse war: Das untersuchte Video dokumentiert nicht die Bewegungen der Fliege an der Wand. Sie hält nicht nur drauf und damit fest, was sich auch ohne ihren Blick getan hätte. Die Dinge und deren Verlauf ändern sich, weil die Kamera beobachtet. Aber mehr noch: Die Kamera zeichnet zu unterschiedlichen Zeitpunkten Ereignisse auf und montiert sie dann – ähnlich einem Drehbuch – zu einer scheinbar zusammenhängenden Geschichte.

Das Auge des Zuschauers sieht nicht das und das Ohr des Zuhörers hört nicht das, was sich ereignet, sondern nur das, was die Handlung der Kamera es sehen und hören lässt. Dabei spricht die Kamera auf zweifache Weise: einerseits explizit mit den *voice over* Kommentaren, andererseits implizit mit den Bildern (Kadrierung, Proportionen, Einstellung, Perspektive etc.). Die Bildsprache des hier analysierten Videos ist dabei ausdrucksstark und oft sehr plakativ. Aber die Kamera macht noch mehr.

Die montierende Kamera fügt die einzelnen *takes* nach eigener Sortierung zu einem neuen Sinn zusammen, indem *takes* entweder gekürzt oder sogar herausgenommen werden. Damit bricht die Kamera die Ereignisstruktur und verleiht dem Geschehen eine *narrative* Struktur. Die Narration steht im Vordergrund, nicht das Ereignis, auch wenn die Narration wie ein Ereignis aussieht. Das Video besitzt also eine Doppelstruktur: Es ist Narration und Ereignis zugleich. Deshalb muss man auch beides mit *einer* Deutung verstehen, in *einer* Deutung auflösen. Man muss also fragen: Weshalb muss das Ereignis als Narration eingekleidet und weshalb muss die Narration als Ereignis ausgeflaggt werden?

Das Ereignis muss als Narration eingekleidet werden, weil die Narration etwas Spezifisches liefert: Ein Muster, das wir kennen. Zudem einen Spannungsbogen, der uns auf das Zukünftige vorbereitet und uns damit dabei bleiben lässt. Und er liefert durch diese Spannung Unterhaltung, welche die Zeit vergessen lässt. Die Narration ist kein Unterricht, der uns gerade sitzen und eine Lektion lernen lässt, sondern die Narration erzählt eine unterhaltsame Geschichte und lehrt uns (manchmal) heimlich etwas – aber auf jeden Fall ohne Anstrengung und Entsagung. Die Narration bedient den Zuschauer, verbeugt sich vor ihm, macht es ihm leicht, verlangt nicht, sondern gibt. Auch wenn die Narration vom Zuschauer Unterwerfung verlangt, soll er die Narration verstehen. So ist die Narration als Gattung die Unterwerfung des Geschehens unter die Bedürfnisse des Zuschauers. Die Narration dient buchstäblich dem Zuschauer.

Die Narration erhält jedoch dadurch, dass sie als reales Ereignis eingekleidet wird, mehr Nähe zum Alltag der Zuschauer und mehr Gewicht und zunehmende

Authentizität und auch mehr Relevanz. Es hat sich tatsächlich so ereignet – so lautet die Botschaft; oder doch zumindest *könnte* es sich so ereignet haben. Es ist wichtig, zu wissen, dass es sich so ereignet hat, weil es auch für mich bedeutsam ist. Das Gezeigte ist keine fiktive Erzählung, in der alles nur erfunden und damit bedeutungslos ist, sondern das Gezeigte ist Teil der Welt, in welcher der Zuschauer lebt, und deshalb ist es auch für ihn von Belang. Auch das Ereignis dient somit dem Zuschauer. Es betrifft ihn, weil es auch ihm passieren kann. Es geht um Bedeutsamkeit, die sich aus der Wirklichkeitsnähe ergibt.

Die als Ereignis eingekleidete Narration richtet sich somit in jeder Hinsicht nach den Wünschen der Zuschauer aus. Es gilt, ihm Gutes zu tun, ihn zu unterhalten und ihn mit der Unterhaltung am Gerät zu halten – nicht nur, weil es unterhaltend ist, sondern auch weil es etwas mit seinem Leben zu tun hat und deshalb bedeutsam ist. Das Video als Narration und Ereignis unterhält und informiert über Fragen der (Rechts-) Sicherheit. Somit gehört sowohl das hier untersuchte Video wie auch die ganze Sendung *24 Stunden Reportage* zum *Securitainment* (vgl. Bidlo, Englert 2009).

Dieser Begriff soll noch kurz erläutert und begründet werden: Die mediale Inszenierung unterschiedlichster gesellschaftlicher Alltagsthemen ist in Zeiten des ,*Infotainments'* (Wittwen 1995) eine weit verbreitete Erscheinung im deutschen Fernsehen. Auch die von uns hier analysierten Sequenzen beschäftigen sich mit dem Alltag ,der Menschen in Deutschland' – allerdings mit dem Rechts- und Sicherheitsalltag. Da hier also das Thema der Inneren Sicherheit auf unterhaltsame Weise vom Fernsehen behandelt wird, kann man (in Anlehnung an den Terminus des ,*Infotaiments'* von Wittwen) in unserem Falle von *Securitainment* sprechen. ,*Securitaiment'* bezeichnet dabei „[...] das Zusammen- und Wechselspiel von Unterhaltung und der Vermittlung der Inneren Sicherheit" (Bidlo, Englert 2009: 244). Hierbei sind Information und Unterhaltung nicht mehr als Widerspruch zu verstehen, sondern sie ergänzen und bedingen und verstärken sich gegenseitig.

Der Terminus *Securitainment* umfasst neben der Darstellung auch die Art und Weise, wie Innere Sicherheit (und deren normative Aufladung) durch eine unterhaltsame mediale Inszenierung an den Rezipienten vermittelt wird. Das vorrangige Ziel dieses und ähnlicher Fernsehformate – u. a. als Folge des ökonomischen Drucks – ist die unterhaltend verpackte Information und normative Anleitung der Rezipienten, die Einschaltquoten bringt und über die zukünftige Existenz der jeweiligen Sendung entscheidet. Das Fernsehen handelt dabei in eigenem Interesse und strickt hinter, aber auch vor der Kamera eine unterhaltsame *Story*. Hierfür muss sich das Fernsehen manchmal auf eigene Wege begeben, narrative Strukturen einfügen oder erfinden und eigene Perspektiven einnehmen. Es geht dann eigene Wege.

Dabei ,strickt' das Fernsehen nicht bewusst eine bestimmte normative Einstellung zur Inneren Sicherheit, sondern diese normativen Aufladungen werden durch die Praxis der Produktion (es geht um eine interessante *Story*) nebenbei erzeugt. Securitainment ist also kein gewolltes Vertreten bestimmter Normen und Werte und auch nicht ein bewusstes Beeinflussen der Zuschauer. Und damit unterscheidet sich Securitainmet entschieden vom *‚Ecotainment'* (Lichtl 1999) oder *‚Entertainment-Education'* (Wang et al. 2009). Securitainment ‚mendelt' sich in der Praxis des Videoproduktion heraus. Entscheidend ist, ob das Video eine unterhaltsame Story enthält und sich gut verkaufen lässt.

5.4.2   Die Episode ‚Ein Hund fährt schwarz' als Lehrstück

Weiter oben hatten wir die europäische Dramengeschichte ins Spiel gebracht und die Lesart gewagt, die Episode *Ein Hund fährt schwarz* sei wie ein Drama konstruiert. Dass es sich bei dem Videobeitrag um eine nachträgliche Konstruktion der Kamera handelt, konnte anhand der Analyse nachgewiesen werden. Dass hier bewusst dramatisiert wurde auch. Deshalb kann man nach unserer Einschätzung durchaus sagen, dass der pyramidale Aufbau des Dramas[32] auch bei der Sequenz *Ein Hund fährt schwarz* gegeben ist. Dass es eine Exposition gibt, ist bereits zu Beginn deutlich geworden: In die Handlung wird mittels Bilder und *voice over*-Kommentar und Untertiteleinblendung eingeführt: Die Charaktere der Trambahnkontrolleure werden vorgestellt und durch den Text des *voice over*-Kommentars, der auf das Problem von Schwarzfahrern hinweist, wird bereits das Hauptthema angesprochen. Der Schnitt nach dem letzten *take* – nach der letzten *Szene* – beendet den ersten *Akt* und damit den ersten *Sinnabschnitt* der gesamten *Sequenz* (welche hier das gesamte *Drama* darstellt), wobei die sich schließenden und öffnende Trambahntüren als Modulationssignale (vgl. Goffman 1977) fungieren und die unterschiedlichen Sinnabschnitte der Sequenz markieren.

Der zweite Akt zeigt die weiblichen Kontrolleure bei der Arbeit. Alles geht seinen Gang. Die Dinge sind so, wie sie sein sollen. Aber indem sie so sind, wie sie sein sollen, klingt bereits an, dass es auch anders sein kann, dass es auch Konflikte geben kann, wenn z. B. die Kontrolleure auf jemanden treffen, der keinen gültigen Fahrausweis besitzt.

Genau das passiert im dritten Akt. Der Konfliktfall tritt nicht nur ein, sondern der Konflikt eskaliert. Nicht ein Falke, sondern ein Hund ist das Motiv. Er steht im Schnittpunkt des Konflikts. Muss man für ihn zahlen oder nicht? Hundehalterin und Kontrolleur streiten. Der Konflikt eskaliert. Es geht um Legalität und Legitimität. Die Ereignisse drohen zu kippen. Dies scheint den Höhepunkt

---

[32] Hierbei ist zu beachten, dass die nachstehenden Erläuterungen keinen Anspruch auf Vollständigkeit erheben, da lediglich gezeigt werden soll, dass die Handlung vor der Kamera einer bestimmten (dramatischen und damit literarischen) Struktur folgt und sie sich nicht ‚willkürlich' ereignet hat.

des Dramas zu sein. Als der Kontrolleur trotz des starken Protests der umstehenden Fahrgäste einen Strafschein ausstellt und der Hundehalterin überreicht, ist die Krisis da. Als die Hundehalterin dann aber mit einem resignierten: „Alles klar." nachgibt, fällt die Spannung ab. Eine Niederlage für den Fahrgast, aber ein Sieg für den Fahrkartenkontrolleur, welcher zweifelhaft war.

Im vierten Akt beginnt die fallende Handlung: Der weibliche Fahrgast muss zahlen und wehrt sich nicht weiter dagegen, der Kontrolleur scheint Recht zu behalten. Doch dann kommt der Einschub mit der blonden Besitzerin des *Japan Chin*. Sie hat das Drama gesehen (so die Erzählung) und packt deshalb ihren kleinen Hund in ihre Einkaufstasche und erfüllt auf diese Weise die Vorschrift. Obwohl die Kontrolleure diese Szene beobachtet haben müssen, akzeptieren sie diese Handlung des Fahrgastes.

Schnitt. Die Trambahntüren öffnen sich, welche ebenfalls als Modulationssignale wie die zu Anfang gezeigten sich schließenden Türen fungieren, und die Kontrolleure verlassen die Bahn. Der fünfte Akt beginnt. Hier bekommt der Trambahnkontrolleur Herbert abschließend die Möglichkeit, vor der Kamera Stellung zu dem soeben Geschehenen zu nehmen. Er steht dabei alleine im Bild, die Kamera ist allein auf ihn in Großaufnahme gerichtet, während er erklärt, dass Trambahnkontrolleure auch nur Menschen sind, aber sich im Dienst eben nach den Vorschriften richten müssen.

Diese Erläuterungen, fasst man sie schematisch in den Aufbau nach Freytag, lassen sich bildlich wie folgt darstellen:

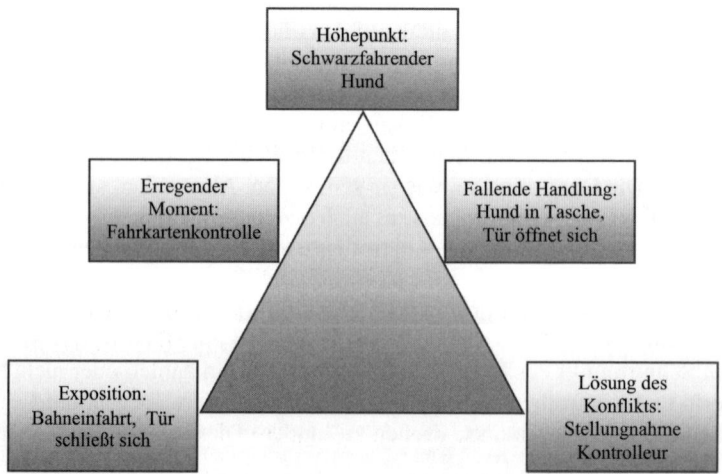

Abbildung Nr. 3 Pyramidale Darstellung von Ein Hund fährt schwarz

Die Episode *Ein Hund fährt schwarz* ist also (wie im Übrigen alle Episoden der Sendung *24 Stunden Reportage*), welche eine Art Fortsetzungsgeschichte mit mehreren Kernen darstellt, kann also durchaus mit den Begriffen des Dramas beschrieben werden. Aber es sind auch einige Ähnlichkeiten mit einer *Moritat*[33] zu erkennen. Vor allem die Moral, welche am Ende der Episode *Ein Hund fährt schwarz* und auch allen anderen Geschichten der *24 Stunden Reportage* steht, spricht für ein solches Verständnis. Ebenso das Verhältnis der Kamera zur Handlung, nämlich, dass sie nicht nur scheinbar live und wirklich dabei ist, sondern das Beobachtete dann anschaulich als Geschichte erzählt, zeigt die Parallelen zur Moritat auf. Hinzu kommt die äußerst plakative Filmsprache: Es wird nicht differenziert, sondern immer zugespitzt und mit Hilfe der filmischen Mittel überdeutlich dargestellt. Es bleibt wenig Raum für andere Lesarten.

Allerdings sind auch entscheidende Unterschiede zur Moritat zu erkennen. Denn die Kamera, welche die Geschichte erzählt, nimmt selbst Stellung zum Geschehen. Dies steht bei den ‚alten' Bänkelsängern einer Moritat eher im Hintergrund. Aus diesem Grund lässt sich bei der *24 Stunden Reportage* vielmehr von einem *Lehrstück* in laufenden Bildern sprechen – weshalb man diese Art von Fernsehen auch mit dem Fotoroman in der Jugendzeitschrift BRAVO in Verbindung bringen kann, der im Übrigen auch als Fortsetzung inszeniert ist. Ein Lehrstück will ansprechen, will unterhalten, aber auch zeigen, was richtig ist, was zu tun ist. Ein Lehrstück will immer auch erziehen. Deshalb geht es in der von uns analysierten Sequenz immer auch um Moralität, also darum, was richtig und was falsch ist.

Bei der Rezeption und Bewertung dieser Fernseh-Moral ist ganz entscheidend, aus welcher Sozialschicht die Zuschauer kommen. Einigen wird sie eine Lehre sein, anderen dient sie zur moralischen Erbauung und wieder anderen zur moralischen Aufrüstung gegen die jeweils anderen.

5.4.3   Und die Moral von der Geschicht'

Wenn die Episode vom schwarz fahrenden Hund ein Lehrstück ist, was ist dann die Moral von der Geschicht'? Ganz sicherlich die (so eine erste Antwort), dass

---

[33] Die Moritat, so informiert uns erneut das Internet, „ist ein balladenähnliches Bänkellied mit einer einfachen Melodie, das entsetzliche Ereignisse und schaurige Verbrechen schildert und mit moralisierenden Worten endet. Diese Schauerballaden, die sich auch an wahren Begebenheiten orientierten, wurden häufig durch eine Drehorgel oder Violine begleitet, auf Straßen, Plätzen und Jahrmärkten von Moritatensängern und Bänkelsängern vorgetragen. Dabei wurde die Dramatik oft durch einen erhöhten Stand und entsprechende Leinwandbilder oder Moritatentafeln gesteigert, auf die mit einem langen Stock gedeutet wurde. Dazu verkauften die Sänger Texthefte oder sammelten vom Publikum Geld; so konnten sie ihren Lebensunterhalt verdienen." (http://de.wikipedia.org/wiki/Moritat).

Unwissenheit nicht vor Strafe schützt. Auch die, dass der oder die Clevere aus der Mittelschicht besser dran ist, und dass es deshalb gut ist, so clever zu sein wie die Blonde aus der Mittelschicht. Und die Moral von der Geschicht' ist, dass nicht alle Vorschriften Sinn machen müssen, aber dass Vorschriften nun mal Vorschriften sind, und deshalb einzuhalten sind – außer man findet eine fallspezifische Lösung.

Und gerade diese letzte Moral von der Geschicht' ist interessant, weil sie bei näherer Betrachtung, also ausführlicher Explikation, noch mehr über die Medien und deren Logik zeigt. Um diese zu explizieren, ist es hilfreich, sich einmal von dem zu lösen, was die Kamera dem Zuschauer gezeigt hat, und sich zu fragen, was sie hätte zeigen können. Da es sich ja gerade nicht um die Dokumentation von Ereignissen handelt, sondern (wie der Einschub mit der kluge Blonden gezeigt hat) um eine Montage, wäre auch anderes vorstellbar und machbar gewesen. Eine solche Betrachtung der nicht realisierten, aber machbaren Komposition der Sequenz ist bei allen (hermeneutischen) Ausdeutung sehr hilfreich, explizit sie doch das Ausgeschlossene und zeigt damit umso deutlicher das Eingeschlossene.

Einig sind sich alle Akteure der analysierten Sequenz, dass die Vorschrift, für kleine Hunde ein Kinderticket zu verlangen, nicht wirklich legitim ist. Selbst der Kontrolleur räumt das im Epilog ein. Als Mensch kann er den Unmut der Hundehalterin verstehen, die vor allem mit dem Raumkonzept argumentierte, nämlich dass Fahrräder mehr Raum in Anspruch nehmen als Hunde, aber dass man dennoch dafür nicht zahlen müsse.

Die Kamera hätte in einer solchen Situation auch andere Wege gehen können – und viele Kameras anderer (öffentlich rechtlicher) Sender wären auch andere Wege gegangen. Die Kamera hätte nicht die Szene mit der klugen Blonden drehen und in die Sequenz montieren müssen, sie hätte auch andere Kontrolleure zeigen können oder aber auch den Kontrolleur Herbert, wie er sich anders entscheidet. Möglich wären folgende Varianten (die im Übrigen für die PR der Hallenser Verkehrsbetriebe recht nützlich gewesen wären): Zum Ersten hätte der Kontrolleur den Hund einfach *übersehen* können – eine Praxis, die in Bussen und Bahnen sehr oft anzutreffen ist. Es hätte keinen Konflikt gegeben. Zum Zweiten hätte der Kontrolleur die Hundehalterin auf die Regel aufmerksam machen und ermahnen können, beim nächsten Mal einen Fahrschein für ihren Hund zu lösen *(Ausnahme)*. Auch hier hätte es keinen Konflikt gegeben. Zum Dritten hätte der Kontrolleur auf *„Verbotsirrtum*[34] entscheiden und die Halterin auffordern können,

---

[34] Bei Wikipedia findet sich folgende Definition von Verbotsirrtum: „Ein Verbotsirrtum liegt dann vor, wenn der Täter die Verbotsnorm nicht kennt, er sie für ungültig hält oder sie in der Weise falsch auslegt, dass er sein in Wahrheit verbotenes Handeln als rechtlich zulässig ansieht. Der Täter irrt also über die Rechtswidrigkeit der Tat in ihrer tatbestandsspezifischen Gestalt." Insbesondere wichtige und mächtige Persönlichkeiten aus Politik und Wirtschaft haben in Deutschland immer wieder

einen Kinderfahrschein für ihren Hund zu lösen. Auch hier wäre der Konflikt gering ausgefallen. Zum Vierten hätte der Kontrolleur die Umstehenden fragen können, ob jemand der Frau kurzfristig eine Tasche oder Tüte leihen könne *(Gesetz umgehen)*. Jetzt hätte es keinen Konflikt gegeben, sondern der Kontrolleur hätte für sich und die Hallenser Verkehrbetriebe positive PR betrieben. Die hätte er noch deutlicher ausfallen lassen können, hätte er sich (und das ist eine weitere Möglichkeit) dem *Common-Sense* angeschlossen und gesagt, dass die Regelung unverständlich ist und dass er deshalb auf den Kinderfahrschein und das Bußgeld verzichtet *(Gesetz aussetzen)*. Alle diese möglichen Reaktionen haben eines gemein: Sie setzen an dem *Common-Sense* an, dem subjektiven Rechtsgefühl, dass es legitim ist, kleine Hunde unentgeltlich in der Trambahn mitzunehmen. Sie teilen dieses Gefühl und schlagen sich auf die Seite des Rechtsempfindens. Damit hätte die Kamera auf das Rechtsproblem reagiert und hierzu eine Antwort formuliert.

Die Kamera geht aber nicht diesen Weg, sondern sie lässt die Reaktion von Herbert *(Bestehen auf Gesetz)* so stehen.Stattdessen formuliert sie zwei Lehren: eine für das Bahnpersonal („Wer beruflich kontrolliert, fährt am besten, wenn er sich einfach an die Regeln hält. Ob die nun Sinn machen oder nicht.") und eine für die Zuschauer („Sei clever, erfülle die Regeln, wenn jemand hinschaut, sonst nicht!"). Weshalb geht die Kamera diesen Weg? Die nahe liegende Antwort auf die Frage ist, dass man auf den Kontext verweist und sagt, die Kamera wolle es sich weder mit den Verkehrsbetrieben von Halle und deren Kontrolleuren, noch mit den Zuschauern verderben. Deshalb trage sie auf zwei Schultern, mache es beiden recht. Die einen brauche man noch, weil man weitere Folgen drehen wolle und man deshalb die Hallenser Verkehrsbetriebe und deren Kontrolleure nicht verärgern dürfe. Darüber hinaus sei es für zukünftige Produktionen schlecht, wenn man die, die einem Feldzugang gewähren, kritisiere. Die zweiten, also die Zuschauer, benötige man, weil man auf deren Gunst angewiesen sei und diese Gunst letztendlich ökonomisches Kapital bringe.

Diese beiden Antworten treffen sicherlich, aber sie decken nicht alles ab. Denn es werden nicht nur zwei Strategien des Umgangs mit Recht vorgestellt, nämlich zum einen, dass die Gesetze zu halten sind, auch wenn sie unsinnig sind/ erscheinen, und zum anderen, dass es reicht, Gesetze nur formal zu befolgen, und dass man sie aber ansonsten unterlaufen darf. Wesentlich ist, dass die Kamera, und damit die Medien in diesem Falle, eine andere Logik *vorschlagen*, die nicht

---

für ihre teils gravierenden Rechtsverletzungen als ‚Verbotsirrtum' erfolgreich reklamiert. Siehe auch StGB §17 zum Verbotsirrtum:"[1] Fehlt dem Täter bei Begehung der Tat die Einsicht, Unrecht zu tun, so handelt er ohne Schuld, wenn er diesen Irrtum nicht vermeiden konnte. [2] Konnte der Täter den Irrtum vermeiden, so kann die Strafe nach § 49 Abs. 1 gemildert werden."

mehr auf das Recht bezogen ist, sondern auf die *Befindlichkeit des Zuschauers, sie machen aus einer Rechtsfrage eine Befindensfrage.*

Um diese These zu plausibilisieren, möchten wir noch einmal auf die Besitzerin des kleinen Rottweilerwelpen zurückkommen. Die Kamera inszeniert sie ein wenig als moderne Michaela Kohlhaas[35], die sich gegen die unsinnigen Regeln eines verständnislosen Verkehrbetriebes öffentlich auflehnt – und dabei verliert. Sie verliert nicht nur 40 Euro, sondern auch ihr Gesicht. Ihr geht es aufgrund der Ereignisse schlecht.

Die blonde Besitzerin des *Japan Chin* ist cleverer: Obwohl auch sie der Ansicht ist, dass man für Hunde keinen Fahrschein lösen sollte, sucht sie nicht den Streit und die Konfrontation. Sie tritt nicht dafür ein, was ihr richtig erscheint. Sie macht sich und anderen keinen Stress, und erfüllt das Gesetz formal. Sie hätte auch seufzend zahlen können, dabei einräumend, dass es wohl seine Richtigkeit damit hat, für Hunde, die befördert werden wollen, zu zahlen. Aber weder räumt sie ein, noch zahlt sie, noch kämpft sie. Sie will ihre Ruhe haben und ihr Geld behalten. Das ist die Lehre, welche die Kamera als ‚gute‘ Lösung vorführt.

Damit geht es der Kamera gerade nicht mehr um das Recht, um das Spannungsverhältnis von Legalität und Legitimität, sondern um das Wohlbefinden der Blonden und das der Zuschauer. Wichtig ist, dass man seine Ruhe hat und keinen Stress hat oder macht. Wenn das gegeben ist, dann ist das Problem gelöst, dann ist alles Weitere zweitrangig. Damit hat die Kamera klammheimlich die Prioritäten des Handelns geändert. Sie macht sich zum Anwalt des inneren Wohlbefindens der Zuschauer. Sie kämpft für das Recht, sich durch zu mogeln, statt sich zu streiten. Streit, Konflikt, Wut, Aggression und ungehöriges Benehmen sind zu vermeiden. Ruhe ist die erste Bürgerpflicht. Die innere Unruhe ist zu befrieden.

Damit legt die Kamera dem Zuschauer das nahe, was ihm gefällt, und damit entwirft und verfolgt die Kamera eine Strategie der ‚inneren Führung‘, die mittels Selbstführung aktiv darum bemüht ist, Unruhe zu vermeiden. Fremdzwang wird in Selbstzwang, Fremdführung in Selbstführung umgewandelt. Wenn innen Ruhe ist, dann auch außen Ruhe. Damit bietet die Kamera eine bestimmte Form von *Governance* an. Ob die Zuschauer diese Form annehmen oder zurückweisen, steht wieder auf einem anderen Blatt und viel wird davon abhängen, welcher Sozialschicht sie sich zurechnen.

---

[35] Natürlich stimmt der Vergleich so nicht, da Michael Kohlhaas tatsächlich im Recht war und nur sein Recht wollte – wenn auch mit allen Mitteln. Bei Michael Kohlhaas geht es also um das Recht und dass es von jedem einzuhalten ist. Bei der Besitzerin des Rottweilerwelpen geht es um Legitimität und darum, dass das Recht *nicht* immer einzuhalten ist. Eine solche Unstimmigkeit würde allerdings die meisten Medien nicht zurückhalten, die Hundhalterin dennoch in eine Reihe mit Michael Kohlhaas zu stellen.

6   Medien als eigenständige Akteure

Blickt man auf die hier vorgestellte Analyse eines sehr kurzen Ausschnitts der Sendung *24 Stunden Reportage* zurück, dann muss man sich abschließend fragen, was diese Analyse über die gesamte *Sendung* sagt, was über dieses *Format* und was über das *Fernsehen*. Gewiss kann man jetzt *nicht* induktiv folgern und sagen: *Alle* anderen Teile in der von uns untersuchtenSendung *24 Stunden Reportage* sagen das Gleiche aus. Auch kann man nicht aufgrund der Analyse dem gesamten Format des Reality-TV diese Struktur bescheinigen, noch kann man dem Fernsehen als Ganzem mit guten Gründen bestimmte Eigenschaften zuschreiben. Dafür ist die Datenbasis gewiss zu schmal. Was man mit Hilfe solcher Fallanalyse gewinnt, das sind Hypothesen, welche in weiteren Fallanalysen erweitert, modifiziert oder auch falsifiziert werden müssen. Das haben wir im Übrigen im Anschluss an die hier gezeigte Analyse getan und dabei hat sich gezeigt, dass vieles nicht nur in der vorgestellten Sequenz zu finden ist, sondern typisch ist für diese Sendung (siehe hierzu auch die Übersicht in Kap. 5.2) und für diese Fernsehformat (siehe auch Reichertz 2011).

Deshalb ist auch die weiterführende Frage erlaubt und angemessen, die da lautet: Auf welche Frage oder gesellschaftliche Situation geben solche Sendungen und solche Formate eine Antwort? Eine Antwort lautet: Solche Fernsehformate sind„[...] Teilprozess[e] der sozialen Kontrolle, welche die Mitglieder einer Gesellschaft zur Verhaltenskonformität ‚auffordern‘ und so versuchen, soziale Integration herzustellen" (Bidlo, Englert 2009: 245). Die Zuschauer der Sendungen, die sich um die Innere Sicherheit drehen, vermitteln also Information, fordern zu einem bestimmten Verhalten auf, beeinflussen allerdings auch den gesamten Diskurs der Inneren Sicherheit und werden dadurch zu aktiven Teilnehmern und dadurch zu (kommerziellen) Sicherheitsproduzenten (vgl. ebd.).

Dies gilt trotz des im Vordergrund stehenden Unterhaltungsangebots, denn„dass ein solches Agieren(im Sinne der Unterhaltsamkeit der Darstellung) der Medien vor allem der Bindung der Leser/Zuhörer/Zuschauer an das ‚Programm‘ der Medien dient, dass es also um Kundenbindung geht und nicht um eine (ausgearbeitete) Sicherheitspolitik, ändert nichts daran, dass es de facto Sicherheitspolitik ist. Nicht die Absicht zählt, sondern die Folgen – und jede Theorie, die sich mit dem Agieren der Medien beschäftigt, muss die Folgen dieses Agierens für die Herstellung der Inneren Sicherheit einer Gesellschaft im Auge haben" (Reichertz 2010a: 12 f.). Das Medium als Vermittler wird so zum selbstständigen Akteur – auch im Diskurs der Inneren Sicherheit und auch mit der Episode des schwarz fahrenden Hundes.

Quellenverzeichnis

Internet

DB Vetrieb AG (2010): http://www.bahn.de/p/view/angebot/zusatzticket/hunde.shtml [letzter Abruf: 06.06.2010].

Peters, Ervin (2010): http://www.ervnet.de/bahn/bahnfahn.shtml[letzter Abruf: 01.06.2010].

Focus.de (2007): http://www.focus.de/focustv/formate/sat-1_aid_27857.html [letzter Abruf: 11.03.2010].

Hallesche Verkehrs-AG (HAVAG)(2007): www.havag.com/uploads/36fd979d6df6ada43f6c6e12d145c2c6.pdf [letzter Abruf: 20.05.2010].

Hietzge, Maud (2009): Von der Bildinterpretation zur Videografie – nur ein Schritt? Review Essay: Bohnsack, Ralf (2009): Qualitative Bild- und Videointerpretation [43 Absätze]. Online abrufbar unter der folgenden URL: Forum Qualitative Sozialforschung/Forum: Qualitative Social Research, 11(1), Art. 11, http://nbnresolving.de/urn:nbn:de:0114-fqs1001111 [letzter Abruf: 06.06.2010].

Kleiner, Marcus S.; Nieland, Jörg-Uwe: Im Seichten kann man nicht ertrinken. Boulevardisierungstendenzen in der taz. In: telepolis. magazin der netzkultur (18.04.2004). Online abrufbar unter der folgenden URL:http://www.heise.de/tp/r4/html/result.xhtml?url=/tp/r4/artikel/17/17220/1.html&words= Medienunternehmen&T=medien unternehmen [letzter Abruf: 15.05.2010].

SAT.1.de (2010): http://www.sat1.de/ratgeber_magazine/24stunden/ [letzter Abruf: 11.03.2010].

Schnettler, Bernt; Raab, Jürgen (2008): Interpretive visual analysis. Developments, state of the art and pending problems. Forum Qualitative Sozialforschung/Forum: Qualitative Social Research, 9(3), Art. 31. Online abrufbar unter der folgenden URL: http://nbn-resolving.de/urn:nbn:de:0114-fqs0803314 [letzter Abruf: 11.5.2010].

Stegmaier, Peter (2006): Innere Sicherheit. Online abrufbar unter der folgenden URL: http://www.krimlex.de/artikel.php?BUCHSTABE=I&KL_ID=87 [letzter Abruf: 08.05.2010].

Wikimedia Foundation Inc. (2010): http://de.wikipedia.org/wiki/Moritat [letzter Abruf: 20.05.2010].

Literatur

Agotai, Doris (2007): Architekturen in Zelluloid: Der filmische Blick auf den Raum. Bielefeld: transcript.

Aristoteles (1994): Poetik. Stuttgart: Reclam.

Armer, Alan A. (1997): Lehrbuch der Film- und Fernsehregie. Frankfurt am Main: Zweitausendeins.

Asmuth, Bernhard (2009): Einführung in die Dramenanalyse. Weimar, Stuttgart: J.B. Metzler.

Bach, Michaela (1997): Erzählperspektive im Film. Essen: Item Verlag.

Bätschmann, Oskar (1986): Einführung in die kunstgeschichtliche Hermeneutik. Darmstadt: Wissenschaftliche Buchgesellschaft.

Barthes, Roland (1989): Die helle Kammer. Frankfurt am Main: Suhrkamp.

Belting, Hans (1993): Bild und Kult. München: Beck.

Belting, Hans (2001): Bild-Anthropologie. München: Fink Verlag.

Belting, Hans (2008): Vorwort. In: W.J.T. Mitchel: Das Leben der Bilder. München: Beck, S.7–10.

Berger, John (1981): Das Leben der Bilder. Berlin: Wagenbach.

Berger, John et al. (1983): Sehen. Das Bild der Welt in der Bilderwelt. Reinbek bei Hamburg: Rowohlt.

Berger, Peter L.; Luckmann, Thomas (1969): Die gesellschaftliche Konstruktion der Wirklichkeit. Frankfurt am Main: Fischer.

Bidlo, Oliver; Englert, Carina Jasmin (2009): Securitainment. Mediale Inszenierung von Innerer Sicherheit. In: MEDIENwissenschaft 03/2009, S.244–261.

Bienk, Alice (2008): Filmsprache – Einführung in die interaktive Filmanalyse. Marburg: Schüren Presseverlag.

Birdwhistell, Ray L. (1952): Introduction to Kinesics. Louisville: University of Louisville.

Boehm, Gottfried (2006): Was ist ein Bild? München: Fink.

Bohnsack, Ralf (2001): „Heidi". Eine exemplarische Bildinterpretation auf der Basis der dokumentarischen Methode. In: Ralf Bohnsack et al. (Hrsg.): Die dokumentarische Methode und ihre Forschungspraxis. Opladen: Lekse+Budrich, S.323–338.

Bohnsack, Ralf (2003a): Rekonstruktive Sozialforschung. Opladen: Leske+Budrich.

Bohnsack, Ralf (2003b): Qualitative Methoden der Bildinterpretation. In: Zeitschrift für Erziehungswissenschaft 6.2, S.239–256.

Bohnsack, Ralf (2005): Bildinterpretation und dokumentarische Methode. In: Christoph Wulf; Jörg Zirfas (Hg.): Ikonologie des Performativen. München: Beck, S.246–262.

Bohnsack, Ralf (2009): Qualitative Bild- und Videointerpretation. Opladen: Barbara Budrich.

Bourdieu, Pierre et al. (Hrsg.) (1983): Eine illegitime Kunst. Frankfurt am Main:Suhrkamp.

Bourdieu, Pierre (2008): Die feinen Unterschiede. Frankfurt am Main: Suhrkamp.

Brandom, Robert (2000): Expressive Vernunft. Frankfurt am Main: Suhrkamp.

Brandom, Robert (2001): Begründen und Begreifen. Frankfurt am Main: Suhrkamp.

Bromley, Roger; Göttlich, Udo; Winter, Carsten (Hrsg.) (1999): CulturalStudies. Grundlagentexte zur Einführung. Lüneburg: zu Klampen.

Butler, Jeremy G. (2009): Television: critical methods and applications. Belmont: Wadsworth.

Burke, Peter (1998): Eleganz und Haltung. Berlin: Wagenbach.

Burri, Regula (2001): Doing Images. Zur soziotechnischen Fabrikation visueller Erkenntnis in der Medizin. In: Bettina Heintz (Hrsg.): Mit dem Auge denken. Strategien zur Sichtbarmachung in wissenschaftlichen und virtuellen Welten. Zürich: Voldemeer, S.277–303.

Clark, Andy; Chalmers, David (1998): The Extended Mind. In: Analysis. 58, S. 7–18.

Corsa, Uta (2005): Unterhaltung schlägt Information. Konstanz: UVK.

Dinkelaker, Jörg; Herrle, Matthias (2009): Erziehungswissenschaftliche Videographie. Wiesbaden: VS.

Eco, Umberto (1987): Lector in fabula. München: Deutscher Taschenbuch Verlag.

Ekman, Paul (2007): Gefühlelesen. Wie Sie Emotionen erkennen und richtig interpretieren. München: Spektrum Akademischer Verlag.

Engell, Lorenz (2010): Playtime. Münchener Film-Vorlesungen. Konstanz: UVK.

Evans, Jessica; Hall, Stuart (Hrsg.) (1999): Visual Culture. London: Sage.

Flick, Uwe (2007): Qualitative Sozialforschung. Reinbek bei Hamburg: Rowohlt.

Flusser, Vilém (1994): Gesten. Frankfurt am Main: Fischer.

Freytag, Gustav (1863): Die Technik des Dramas. Leipzig: Verlag von S. Hirzel.

Geertz, Clifford (1983): Local knowledge. New York: Basic Books.

Geertz, Clifford (2000): Available Light. Priceton: Princeton University Press.

Gehlen, Arnold (1960): Zeit-Bilder. Frankfurt am Main: Athenäum.

Goffman, Erving (1977): Rahmen-Analyse. Frankfurt am Main: Suhrkamp.

Goffman, Erving (1981): Geschlecht und Werbung. Frankfurt am Main: Suhrkamp.

Goffman, Erving (2005): Rede-Weisen. Konstanz: UVK.

Goffman, Erving (2008): Wir alle spielen Theater. Die Selbstdarstellung im Alltag. München, Zürich: Piper.

Grice, H. Paul (1993): Logik und Konversation. In: Georg Meggle (Hrsg.): Handlung, Kommunikation, Bedeutung. Frankfurt am Main: Suhrkamp, S. 243–265.

Habermas, Jürgen (1999): Wahrheit und Rechtfertigung. Frankfurt am Main: Suhrkamp.

Hall, Stuart (1999): Kodieren/Dekodieren. In: Bromley et al. (Hrsg.): Cultural Stuies. Grundlagentexte zur Einführung. Lüneburg: zur Klampen, S. 92–112.

Harper, Douglas (2003): Fotografien als sozialwissenschaftliche Daten. In: Uwe Flick et al. (Hrsg.): Qualitative Forschung. Reinbek bei Hamburg: Rowohlt, S. 402–416.

Heath, Christian; Hindmarsh, Jon; Luff, Paul (2010): Video in Qualitative Research. London: Sage.

Hepp, Andreas; Winter, Rainer (Hrsg.) (2008): Kultur – Medien – Macht. Wiesbaden: VS.

Hickethier, Knut (2007): Film- und Fernsehanalyse. Stuttgart: Metzler.

Hitzler, Ronald (1991): Dummheit als Methode. In: Detlev Garz &Klaus Kraimer (Hrsg.): Qualitativ-empirische Forschung. Opladen: Westdeutscher Verlag, S. 295 – 318.

Hitzler, Ronald; Reichertz, Jo; Schröer, Norbert (Hrsg.) (1999): Hermeneutische Wissenssoziologie. Konstanz: UVK.

Imdahl, Max (1980): Giotto. Arenafresken. Ikonographie, Ikonologie, Ikonik. München: Fink.

Iser, Wolfgang (1972): Der implizite Leser. München: UTB.

Ivanyi, Nathalie; Reichertz, Jo (2002): Liebe (wie) im Fernsehen. Eine wissenssoziologische Studie. Opladen: Leske+Budrich.

Jakobs, Eva-Maria (1998): Mediale Wechsel und Sprache. In: Holly, Werner; Biere, Bernd Ulrich (Hrsg.) Medien im Wandel. Opladen: Leske+Budrich, S. 187 –210.

Joost, Gesche (2008): Bild-Sprache. Die audio-visuelle Rhetorik des Filmes. Bielefeld: transcript.

Kaemmerling, Ekkehard (Hrsg.): (1979): Ikonographie und Ikonologie. Köln: DuMont.

Kamps, Klaus (2007): Politisches Kommunikationsmanagement. Wiesbaden: VS/GWV Fachverlage GmbH.

Kemmerzell, Petra et al. (2003): „Betrachten Sie Ihr Leben als Unternehmen in eigner Sache". Protokoll der Analyse unter Anwendung der Methode der objektiven Hermeneutik. MS. Frankfurt am Main.

Kemmerzell, Petra & Ulf Saalow (2003): Versicherungswerbung: Kommunikation mit dem Kunden. In: planung&analyse 3, S. 14–19.

Kemp, Wolfgang; von Amelungen, Hubertus (Hrsg.) (2000): Theorie der Fotographie. München: Schirmer/Mosel.

Keppler, Angela (2006): Mediale Gegenwart. Frankfurt am Main: Suhrkamp.

Klein, Josef: Boulevardisierung in TV-Kulturmagazinen? In: Holly, Werner; Biere, Bernd Ulrich (1998): Medien im Wandel. Wiesbaden: Westdeutscher Verlag, S. 103–112.

Kließ, Franciska (1992): Produktion von Fernsehserien. ZDF Schriftenreihe Heft 43. Materialien zum Programm. Mainz: Zweites Dt. Fernsehen, Information u. Presse/Öffentlichkeitsarbeit.

Knoblauch, Hubert (2004): Die Video-Interaktionsanalyse. In: sozialer sinn 1/2004, S. 123–138.

Knoblauch, Hubert (2005): Wissenssoziologie. Konstanz: UVK.

Knoblauch, Hubert; Schnettler, Bernt (2007): Videographie. Erhebung und Analyse Qualitativer Videodaten. In: Buber, Renate; Holzmüller, Hartmut (Hg.): Qualitative Marktforschung. Theorie, Methode, Analysen. Wiesbaden: Gabler, S. 584–599.

Knoblauch, Hubert, Schnettler, Bernt; Raab, Jürgen; Soeffner Hans-Georg (Hg.) (2006): Video analysis. Methodology and Methods. Frankfurt am Main: Peter Lang.

Knoblauch, Hubert; Schnettler, Bernt; Raab, Jürgen (2006): Video-Analysis. Methodological Aspects of Interpretive Audiovisual Analysis in Social Research. In: Knoblauch, Hubert et al. (Hg.): Video analysis: methodology and methods. Frankfurt am Main: Peter Lang, S. 9–26.

Korte, Helmut; Faulstich Werner (Hg.) (1991): Filmanalyse interdisziplinär. Göttingen: Vandenhoeck& Ruprecht.

Korte, Helmut (2004): Einführung in die Systematische Filmanalyse: Ein Arbeitsbuch. Berlin: Schmidt Verlag.

Kracauer, Siegfried (2003): Theorie des Films. Frankfurt am Main: Suhrkamp.

Krotz, Friedrich (2007): Mediatisierung. Wiesbaden:VS.

Kurt, Ronald (2008): Vom Sinn des Sehens. Phänomenologie und Hermeneutik als Methoden visueller Erkenntnis. In: Raab, Jürgen et al. (Hrsg.): Phänomenologie und Soziologie. Positionen, Problemfelder, Analysen. Wiesbaden: VS, S. 369–378.

Leder, Dietrich: Paradigmenwechsel. Von Hildebrandt zu Harald Schmidt. In: Abarbanell, Stephan, Cippitelli, Claudia; Schwanebeck, Axel (Hrsg.) (1996): Fernsehzeit. 21 Einblicke ins Programm. München: Fischer, S. 89–94.

Lichtl, Martin (1999): Ecotainment. Wien: Redline.

Loer, Thomas (1992): Werkgestalt und Erfahrungskonstitution. In: Garz, Detlef; Kraimer, Klaus(Hrsg.): Die Welt als Text. Frankfurt am Main: Suhrkamp, S. 341–382.

Loer, Thomas (1996): Halbbildung und Autonomie. Über Struktureigenschaften der Rezeption bildender Kunst. Opladen: Westdeutscher Verlag.

Mamet, David; Schreyer, Petra (2009): Die Kunst der Filmregie. Berlin: Alexander Verlag.

Marotzki, Winfried; Niesyto, Horst (Hrsg.) (2006): Bildinterpretation und Bildverstehen. Wiesbaden: VS.

Mead, George Herbert (1983): Gesammelte Aufsätze. Bd. 2. Frankfurt am Main: Suhrkamp.

Michel, Burkard (2006): Bild und Habitus. Wiesbaden: VS.

Mikos, Lothar (2003): Film- und Fernsehanalyse. Konstanz: UVK.

Mikos, Lother; Wegener, Claudia (Hrsg) (2005): Qualitative Medienforschung. Konstanz: UVK.

Mitchell, William John Thomas (2008): Das Leben der Bilder. München: Beck.

Moritz, Christine (2010): Videotranskription und Videoanalyse – Ein Überblick. MS. Neidlingen.

Opl, Eberhard (1990): Zur Frage der Audiovisuellen „Codeebenen". In: Kodicas/Code, Vol. 13, No. 3/4, S. 277–306.

Oevermann, Ulrich (1979): Impressionistische und vor-impressionistische Malerei: Eine kunstsoziologische Betrachtung zur Einführung in die Ausstellung. In: Ausstellungskatalog zu Bildern des Impressionismus, Galerie Oevermann. Frankfurt am Main.

Oevermann, Ulrich (1983): Zur Einführung in die Ausstellung: Ölbilder und Gouachen von Pierre Montheillet. In: Ausstellungskatalog der Galerie Oevermann zu Ölbildern und Gouachen von Pierre Montheillet. Frankfurt am Main.

Oevermann, Ulrich (1996): Krise und Muse. Struktureigenschaften ästhetischer Erfahrung. MS. Frankfurt am Main.

Oevermann, Ulrich (2000a): Die Farbe – Sinnliche Qualität, Unmittelbarkeit und Krisenkonstellation. In: Michael Fehr (Hrsg.) Die Farbe hat ich. Essen, S. 426–474.

Oevermann, Ulrich (2000b): Die Methode der Fallrekonstruktion in der Grundlagenforschung sowie der klinischen und pädagogischen Praxis. In: Klaus Kraimer (Hrsg.) Die Fallrekonstruktion. Frankfurt am Main: Suhrkamp, S. 58–156.

Panofsky, Erwin (1978): Sinn und Deutung in der bildenden Kunst. Köln: DuMont.

Peters, Jean Marie (1980): Bild und Bedeutung. Zur Semiologie des Films. In: Brauneck, Manfred (Hrsg.): Film und Fernsehen. Bamberg: Buchner, S. 178–188.

Popp, Helmut (1980): Strukturelemente des Dramas. München: Oldenbourg Verlag.

Raab, Jürgen (2008a): Visuelle Wissenssoziologie. Konstanz: UVK.

Raab, Jürgen (2008b): Präsenz und mediale Präsentation. Zum Verhältnis zwischen Körper und technischen Medien aus Perspektive einer phänomenologisch orientierten Wissenssoziologie. In: Raab, Jürgen et al. (Hrsg.): Phänomenologie und Soziologie. Positionen, Problemfelder, Analysen. Wiesbaden: VS, S. 233–242.

Raab, Jürgen; Tänzler, Dirk (1999): Charisma der Macht und charismatische Herrschaft. In: Honer, Anne; Kurt, Ronald; Reichertz, Jo (Hg.) Diesseitsreligion. Konstanz: UVK, S. 59–78.

Reichertz, Jo (1994): Selbstgefälliges zum Anziehen. Benetton äußert sich zu Zeichen der Zeit. In: Schröer, Norbert(Hrsg.): Interpretative Sozialforschung. Opladen: Westdeutscher Verlag, S. 253–280.

Reichertz, Jo (2000): Die Frohe Botschaft des Fernsehens. Kultursoziologische Untersuchung medialer Diesseitsreligion. Konstanz: UVK.

Reichertz, Jo (2001): The Raving Camera. In: Hitzler, Ronald; Pfadenhauer, Michaela (Hg.): techno-soziologie. Opladen: Leske+Budrich, S. 253–265.

Reichertz, Jo (2003): Die Abduktion in der qualitativen Sozialforschung. Wiesbaden: VS.

Reichertz, Jo (2007): Der marodierende Blick – Überlegungen zur Aneignung des Visuellen. In: sozialer sinn 2/2007, S. 267–287.

Reichertz, Jo (2010a): Die Macht der Worte und der Bilder. Wiesbaden: VS.

Reichertz, Jo (2010b): Kommunikationsmacht. Was ist Kommunikation und was vermag sie? Wiesbaden: VS.

Reichertz, Jo (2011): Reality-TV – ein Versuch, das Muster zu finden. In: Dörner, Andreas; Vogt, Ludgera (Hrsg.): Unterhaltungskultur als politische Kultur. Bonn. (in Vorbereitung).

Rheinberger, Hans-Jörg (2001): Objekt und Repräsentation. In: Heintz, Bettina (Hrsg.): Mit dem Auge denken. Strategien der Sichtbarmachung in wissenschaftlichen und virtuellen Welten. Zürich: Voldemeer, S. 55–61.

Rose, Diana (2000): Analysis of Moving Pictures. In: Bauer,Martin W.; Gaskell, George (Hrsg.): Qualitative Researching with Text, Image, and Sound. A Practical Handbook. London: Sage, S. 246–262.

Sachs-Hombach, Klaus (Hrsg.) (2005): Bildwissenschaft. Disziplinen, Themen, Methoden. Frankfurt am Main: Suhrkamp.

Schicha, Christian (2003): Die Theatralität der politischen Kommunikation. Medieninszenierungen am Beispiel des Bundestagswahlkampfes 2002. Münster [u. a.]: LIT.

Schnettler, Bernt (2007): Auf dem Weg zu einer Soziologie visuellen Wissens. In: sozialer sinn, 8/2007, S. 189–210.

Schnettler, Bernt; Knoblauch, Hubert (Hrsg.) (2007): Powerpoint-Präsentationen. Neue Formen der gesellschaftlichen Kommunikation von Wissen. Konstanz: UVK.

Schnettler, Bernt; Knoblauch, Hubert (2008): Videoanalyse. In: Kühl, Stefan; Strodtholz, Petra (Hg.): Methoden der Organisationsforschung. Ein Handbuch. Reinbek bei Hamburg: Rowohlt.

Schulz, Martin (2005): Ordnungen der Bilder. Eine Einführung in die Bildwissenschaft. München: Beck.

Sherman, Cindy (1998): Untiteld Film Stills. München: Schirmer/Mosel.

Sherman, Cindy (2006): Cindy Sherman. Paris: Flammarion.

Soeffner, Hans-Georg (2004): Auslegung des Alltags – Der Alltag der Auslegung. Zur wissenssoziologischen Konzeption einer sozialwissenschaftlichen Hermeneutik. Konstanz: UVK.

Soeffner, Hans-Georg (2006): Visual Sociology on the Base of ,Visual Photographic Concentration'. In: Hubert Knoblauch et al (Hrsg.): Video-Analysis. Methodology and Methods. Wien, Berlin: Peter Lang, S. 205–217.

Steinmetz, Rüdiger (2006): Filme sehen lernen. Frankfurt am Main: Suhrkamp.

Strauss, Anselm (1994): Grundlagen qualitativer Sozialforschung. München: Fink.

Trautwein, Robert (1997): Geschichte der Kunstbetrachtung. München. DuMont.

Wang, Hua; Singahl, Arvind (2009): Entertainment-Education through Digital Games. In: Ritterfeld, Ute et al. (Hrsg.) Serious Games. New York: Routledge, S. 271–292.

Wagner-Willi, Monika (2004): Videointerpretation als mehrdimensionale Mikroanalyse am Beispiel schulischer Alltagsszenen. In: ZBB S. 1/2004, S. 49–66.

Wegener, Claudia (1994): Reality-TV. Fernsehen zwischen Emotion und Information. Opladen: Leske+Budrich.

Wernert, Andreas (2000): Einführung in die Interpretationstechnik der Objektiven Hermeneutik. Wiesbaden: VS.

Wienke, Ingo (2001): Das Luftbild als Datum soziologischer Analyse. In: sozialer sinn. 1/2001, S. 165–189.

Wittgenstein, Ludwig (1977): Philosophische Untersuchungen. Frankfurt am Main: Suhrkamp.

Wittwen, Andreas (1995): Infotainment. Bern [u. a.]: Lang.